Britta Buschmann

Pausengestaltung an der inklusiven Grundschule

Spielideen, Organisationshilfen, Projekte

Die Autorin

Britta Buschmann ist Grundschullehrerin und unterrichtet die Fächer Deutsch, Mathematik, Englisch und Sport.

Gedruckt auf umweltbewusst gefertigtem, chlorfrei gebleichtem und alterungsbeständigem Papier.

1. Auflage 2016

Grafik: Julia Flasche (sowie Renata Golaszewska, S. 50–52)
Fotos: Britta Buschmann @ Persen Verlag (mit freundlicher Genehmigung der Gemeinschaftsgrundschule Am Weyer, Dinslaken)
Satz: Satzpunkt Ursula Ewert GmbH, Bayreuth

ISBN: 978-3-403-23571-2

www.persen.de

Inhaltsverzeichnis

Vorwort

Die Pause gehört ganz wesentlich zum Schulalltag dazu. Gerade in der inklusiven Grundschule ist die Pause ein wichtiger Bestandteil, der nicht vernachlässigt werden sollte.

In Pausen findet soziales Lernen statt, es entstehen Freundschaften, Kinder schließen Kontakte und lernen, sich im Spiel auf andere einzulassen und mit anderen zu agieren.

Deshalb lohnt es sich, einen genaueren Blick auf Pausen und ihre Gestaltungsmöglichkeiten zu werfen.

Die Pausengestaltung an der inklusiven Grundschule ermöglicht allen Kindern eine Erweiterung ihrer sozialen Kompetenzen, sie lehrt Kinder, sich selbst im Spiel zu organisieren, sie fördert Kinder im Ausbau ihrer motorischen Fähig- und Fertigkeiten, sie stärkt das Selbstbewusstsein und kann dazu beitragen, Raufereien und Aggressionen im Schulalltag zu vermindern.

Aber wie lassen sich Spielideen, Bewegungsspiele und sinnvolle Pausen in den Unterrichtsalltag einer inklusiven Grundschule integrieren?

Dieses Buch bietet Organisationshilfen, Anregungen zu Projekten und Sammlungen von praxiserprobten Spielideen rund um die Pausengestaltung im Schulalltag – sowohl für den Unterricht als Pausen im Lernprozess wie auch als aktive Pausen auf dem Schulhof oder auch im Schulgebäude und in der Turnhalle.

Teil A: Allgemeine Anforderungen

1. Inklusion in der Schule

Definition Inklusion

Der Begriff Inklusion hat seinen Ursprung im Lateinischen. Dort bedeutet das Verb includere einlassen und einschließen.

In einer inklusiven Gesellschaft wird jeder Mensch so akzeptiert wie er ist. Die Gesellschaft hat gegenüber jedem Mitglied die Verpflichtung Strukturen zu schaffen, in denen sich alle frei bewegen können.

Genauso verhält es sich im Bereich des inklusiven Bildungssystems. Die inklusive Pädagogik beschreibt einen Ansatz, bei dem alle Kinder mit und ohne Behinderung von Beginn an gemeinsam lernen.

Von den Kindergärten über die Schulen bis hin zu den Hochschulen wird niemand aufgrund einer Behinderung vom allgemeinen Bildungssystem ausgeschlossen.

Es ist die Aufgabe des Bildungssystems eine Struktur zu schaffen, die es ermöglicht, dass alle Kinder ihren Fähigkeiten entsprechend unterstützt und gefördert werden.

Inklusion im Schulalltag

Der Bedarf an sonderpädagogischer Förderung ist in den letzten Jahren besonders im Bereich der Grundschule kontinuierlich angestiegen.

Alle Länder sind dem Auftrag der UN-Behindertenrechtskonvention mittlerweile gefolgt und haben erste Schritte auf dem Weg zur inklusiven Grundschule umgesetzt.

Eine inklusive Schule ist eine Schule für alle. An einer inklusiven Grundschule lernen Kinder mit und ohne Behinderungen gemeinsam und können ihre individuellen Fähigkeiten entwickeln.

Doch das Thema der Inklusion stellt viele Schulen vor eine große Herausforderung, welche oftmals mit vielen Ängsten und Fragen verbunden ist.

Wie kann Inklusion gelingen? Der Unterricht an einer inklusiven Grundschule ist immer offen und individuell gestaltet. Jedes Kind ist anders und lernt anders. Das sind alles Grundsätze, die nicht neu und aus dem pädagogischen Leben der heutigen Grundschule nicht mehr wegzudenken sind.

Eine „Geling-Garantie" gibt es leider nicht. Jede Schule verfügt über eine andere Schülerschaft mit anderen Problemen und Schwerpunkten. Deshalb verlangt die Inklusion ein Umdenken, lerndifferenziertes Arbeiten und Unterrichten. Das bedeutet aber nicht, dass jeder Schüler das machen kann, was er gerne möchte, ganz im Gegenteil.

Der inklusive Unterricht bietet bildlich gesprochen gemeinsame Wege, auf denen sich individuelle Abzweigungen finden lassen, die jedoch alle zu einem gemeinsamen Ziel führen.

Im inklusiven Unterricht wechseln sich immer gemeinsame und individualisierte Lern- und Arbeitsphasen ab. Es gibt sowohl offene Lernformen als auch den Frontalunterricht. Das Lernen findet im Klassenverband statt, bietet dabei aber auch die Rückzugsmöglichkeit für das einzelne Kind.

Niemand erwartet, dass Lehrer Inklusion perfekt leisten können. Es gilt, Ängste abzubauen und sich der Inklusion offen zu stellen. Grundsätzlich wird sich vielleicht gar nicht immer so viel ändern.

Vielen Kindern mit einem sonderpädagogischen Förderbedarf im Bereich emotionalem und sozialem Lernen sieht man die Lernschwierigkeiten gar nicht an. Oftmals sitzen sie auch schon seit langer Zeit in unseren Grundschulen. Vielleicht wird es vermehrt das eine oder andere Kind mit einem Förderschwerpunkt im Bereich körperlicher Entwicklung geben. Häufiger vielleicht Kinder mit geistiger Behinderung, die alles in allem nur etwas kleinschrittiger lernen als andere. Grundsätzlich wird sich der Lehrer sicherlich nicht mit der Behinderung der Kinder als solcher auseinandersetzen, sondern vielmehr mit jedem Kind persönlich, wie es schon immer der Fall war.

2. Funktionen von Pausen

Die Pause ist ein wesentlicher und wichtiger Bestandteil des Schulalltags. Gerade in der inklusiven Grundschule sollte die Pause mit ihren verschiedenen Funktionen nicht vernachlässigt werden.
Auf die Lernebene bezogen, ermöglichen Pausen eine Wiederherstellung der Lern- und Leistungsbereitschaft, sie schaffen Entlastung und Entspannung für die Schüler. Insgesamt geht es bei der Pausengestaltung an der inklusiven Grundschule darum, den Schulalltag so zu rhythmisieren, dass Lernphasen und Lernpausen einander ergänzen.
Pausen ermöglichen die Herstellung sozialer Kontakte. In den Pausen lernen Kinder mit anderen in Kontakt zu treten, sich aufkommenden Konflikten zu stellen und anderen Kindern im Spiel und im sozialen Lernen zu begegnen.

In diesem Buch wird zwischen verschiedenen Pausenformen unterschieden: Bewegungspausen, Entspannungspausen und Begegnungspausen.

Je jünger Schulkinder sind, desto mehr Bewegung benötigen sie. Studien haben gezeigt, dass 65 % aller Kinder die Pause als Begegnungsort nutzen, 25 % nutzen sie zur persönlichen Entlastung zwischen den einzelnen Lernphasen und 10 %, um sich einfach nur zu entspannen. Zur Optimierung der Lernleistung ist es wichtig, Phasen des Lernens und der Entspannung zu rhythmisieren. Um Grundlagen dafür zu schaffen, muss man einen Blick auf das Lernen als solches und auf die Bedeutung der Bewegung und der Entspannung für das Lernen werfen. Nur so wird ersichtlich, wie diese Elemente in den Prozess integriert werden können.

Pädagogisch sinnvoll: Mehr Bewegung!

Die Bewegungsarmut von Kindern in Kindergarten, Schule oder privatem Umfeld hat deutlich zugenommen (Stichwort „Veränderte Kindheit").
In der heutigen Grundschule finden sich, besonders in Zeiten der Inklusion, immer mehr Kinder mit Auffälligkeiten im motorischen Bereich, Kinder mit Wahrnehmungs- und Verhaltensstörungen.
So ist es auch kaum verwunderlich, dass vermehrt Fachleute aus Pädagogik, Sport und Wissenschaft die Durchführung von Bewegungserziehung empfehlen.
Gerade auch Grundschulen werden zunehmend aufgefordert, derartige Angebote in den Schulalltag zu integrieren. Viele Bundesländer bieten mittlerweile Projekte im Bereich Bewegungserziehung an, wie z. B. die „Bewegte Schule", „Voll in Form", „Die bewegte Schulpause" oder „Klasse 2000" um nur einige zu nennen.

Die im Lehrplan der Grundschule erwähnten Inhalte, „Die Grundschule muss die Kreativität und Fantasie der Kinder fördern, ihrem Tätigkeits- und Bewegungsdrang entgegenkommen und ihre Fähigkeiten zum Entdecken und zum Gestalten entwickeln. Dem Bewegungsbedürfnis der Kinder ist in besonderer Weise Rechnung zu tragen"[1], bieten eine Grundlage für die Integration von Bewegung in der Grundschule.

Ist es möglich, den täglichen Unterricht durch Bewegung aufzulockern, den Schulalltag so zu gestalten, dass sich Lernen, Bewegung und Pausen sinnvoll ergänzen, damit nach Bewegungspausen im Unterricht die Leistungsbereitschaft der Kinder wiederhergestellt werden kann und die Kinder sich nach den Bewegungspausen wohler fühlen?

Die eigentlichen Wurzeln des Lernens mit und durch Bewegung reichen weit in die Vergangenheit hinein. Sie finden ihren Ursprung unter anderem bei dem Schweizer Erzieher und Sozialreformer Johann Heinrich Pestalozzi (1746–1827), der in seinen pädagogischen Texten bereits auf das Prinzip von Bewegung hinweist: „Kinder sollen sich das Wissen von der Welt handelnd – also über Bewegung – aneignen." Pestalozzi steht für das „Lernen mit Kopf, Herz und Verstand".
In seinem Credo geht es schon eindeutig um die Betonung des Standpunktes: Kinder eignen sich ihr Wissen von der Welt durch Bewegung an.
Die Ideen, die dieses pädagogische Prinzip umfasst, sind demnach nicht neu. Sie wurden immer wieder von Pädagogen, Ärzten, Psychologen und Wissenschaftlern aufgegriffen und gerieten schließlich immer wieder in Vergessenheit.
Seit den 70er Jahren des letzten Jahrhunderts durch Piagets Auffassung vom ganzheitlichen Lernen (das Wissen von der Welt eignen sich die Kinder aus ihrer aktiven Auseinandersetzung mit der Welt an) und durch die in den 90er Jahren erschienenen Publikationen erhielt die Thematik wieder an Aktualität. Die alten in Vergessenheit geratenen Erziehungsaspekte, wie z. B. das Lernen mit allen Sinnen (beim Lernen mit allen Sinnen sind Körper und Bewegung in stärkerem Maße beteiligt; Lernen über Bewegung), stoßen wieder vermehrt auf Interesse. Unter verschiedenen Begriffen wie „Bewegte Schule" oder „Bewegungsfreudige Schule" spiegeln sich die Gedanken des Konzepts „Bewegung als pädagogisches Prinzip" wider.

An der Diskussion um die Umsetzung der Bewegungserziehung beteiligen sich seit geraumer Zeit auch Sport- und Bewegungspädagogen wie Rüdiger Klupsch-Sahlmann (1995), Urs Illi, ein Schweizer Sportpädagoge (1995), Renate Zimmer (1996) und andere. Sie plädieren dafür, dass die Schule als Bewegungsraum gesehen werden soll. Entsprechende Projekte werden inzwischen von Kultusministerien gefördert.
Die Interpretation von „Schule als Bewegungsraum" bedeutet, Bewegung als pädagogisches Prinzip zu sehen. Bewegung soll zu einem konstruktiven Element von Lernen und Leben in der Schule werden. Mit diesem Anspruch sind Erziehungsvorstellungen verbunden, die sich sowohl auf das kognitive als auch auf das körperliche und das sinnliche Lernen beziehen.

Die Bedeutung der Bewegung für das Lernen

Heute wird die Bedeutung der Bewegung für eine ganzheitliche Entwicklung von Kindern längst nicht mehr infrage gestellt.
Insbesondere Kindern mit einem sonderpädagogischen Förderbedarf fällt es leichter, sich durch Bewegung ihre Umwelt zu erschließen und sich mit ihr näher auseinander zu setzen.

[1] Kultusministerium des Landes Nordrhein-Westfalen (Hrsg.): Richtlinien und Lehrpläne für die Grundschule Sport NRW, 1. Auflage, Frechen 1999: S. 11, 15

Durch Bewegung machen Kinder Erfahrungen mit und über sich selbst. Sie lernen ihre eigenen Grenzen und auch Möglichkeiten kennen.
Um überhaupt lernen zu können, brauchen Kinder ein Umfeld mit vielen Bewegungsfreiräumen, das ihnen die Möglichkeit gibt, sich selbst aktiv mit ihrer Umwelt auseinanderzusetzen. Ganzheitliches Lernen kann nur mit und durch Bewegung erfolgen. Im Folgenden werden kurz die unterschiedlichen Bedeutungen der Bewegung für das Lernen aufgeführt (näheres zu diesem Thema findet man in der entsprechenden Fachliteratur, siehe Literatur S. 80).
Die Bedeutung der Bewegung für das Lernen

Bewegung fördert:
- den sozialen und kognitiven Bereich des Lernens
- eine Sensibilisierung für den eigenen Körper
- eine Verbesserung der Konzentration und Wahrnehmung
- eine Steigerung des allgemeinen Wohlbefindens
- eine Verbesserung der Kooperationsfähigkeit
- eine gesunde körperliche und motorische Entwicklung
- die psychische und emotionale Entwicklung
- die koordinative Entwicklung

Zahlreiche Studien haben gezeigt, dass Bewegung sich positiv auf die Konzentration und die Kreativität von Kindern auswirkt. Sie baut Aggressionen ab und stärkt das Selbstbewusstsein.

Eine Bewegungserziehung in der Grundschule kann in drei Bereichen stattfinden:
Im Unterricht (für eine aktive Pause als Unterbrechung des Unterrichts im Klassenzimmer), in der Hofpause (Spiel- und Bewegungsangebote in der großen Pause und im Nachmittagsbereich) und im allgemeinen Schulleben.

Zu allen hier vorgestellten Bereichen finden sich in diesem Buch Ideen und Vorschläge.
Die Vorschläge in diesem Buch sind so ausgerichtet, dass sie zum einen Bewegungsspiele als bewegtes, themenbezogenes Lernen integrieren, bei dem die Bewegung als Medium für die Vermittlung kognitiver Inhalte eingesetzt wird. Zum anderen beinhaltet das Buch Spiele, die sich eignen, um eine Bewegungsphase zu initiieren, z. B. mit dem Ziel Unruhe abzubauen, den Bewegungsdrang zu befriedigen, für Auflockerung oder Entspannung zu sorgen.

3. Inklusive Pausengestaltung

Im Team Inklusion in der Schule umsetzen

Damit Inklusion gelingen kann, braucht es ein starkes Miteinander aller Beteiligten – und individuelle Lösungen. Für Lehrer heißt das: jedes Kind in seiner Individualität anerkennen, es mit seinen besonderen Bedürfnissen wahrnehmen, ihm Selbstbewusstsein vermitteln und es zu gesellschaftlicher Teilhabe befähigen.
Um einem Kind mit Einschränkungen gerecht werden zu können, müssen verschiedene Aspekte in der Schule zusammenwirken. Selbstverständlich beginnt die Kooperation im Kollegium selbst: Hier muss man erst einmal realisieren, dass es um *Verantwortung* gegenüber den Kindern geht. Teamarbeit ist ein ganz wichtiger Schlüssel für eine erfolgreiche Umsetzung von Inklusion: Kein Lehrer muss alles können – kein Lehrer muss alles alleine können. In einem guten Team ergänzen und potenzieren sich die Kompetenzen der einzelnen Mitglieder.

Schule als Lern- und Erfahrungsraum begreifen

Schule darf nicht nur als Lernraum gesehen werden, sondern vielmehr als Lern- und Erfahrungsraum für Kinder. Ihre Hauptaufgabe ist es, Kinder in ihrer persönlichen Entwicklung und Entfaltung zu unterstützen.

Kinder benötigen:
- Bewegung
- Ruhe
- Entspannung
- Rückzugsmöglichkeiten
- Individuelle Förderung
- Freie Spielmöglichkeiten
- Angeleitete Angebote

Angepasst an den Rhythmus der Kinder sollten sich die Phasen von Konzentration, Bewegung, Entspannung und Anspannung, sowie von freiem und angeleitetem Spiel abwechseln.

Aufsichtspflicht regeln und organisieren

In den Pausen besteht allgemeine Aufsichtspflicht durch die Lehrer, die durch Aufsichtspläne geregelt ist.
Für die großen Pausen werden in der Regel 2–3 Lehrer eingeteilt, um das Schulgelände zu beaufsichtigen, im Blick zu haben und um bei auftretenden Schwierigkeiten schnell und angemessen eingreifen zu können.
Alle übrigen Pausen liegen hinsichtlich der Gestaltung und der Aufsicht im Verantwortungsbereich des jeweiligen Lehrers. Im Interesse einer konfliktarmen, möglichst unfallfreien Pausengestaltung, werden die Kinder an der jeweiligen Schule angehalten, die dort geltenden Regeln zu befolgen und einzuhalten.

Im Ganztagsbereich erfolgt die Pausenaufsicht durch weitere Personen, da die Lehrer im Allgemeinen nicht immer mittags vor Ort sind.
Wie die Aufsicht stattfindet, hängt von der Situation der Pausengestaltung ab. Die Kinder müssen sich zu jeder Zeit beaufsichtigt fühlen, eine ständige Anwesenheit eines Lehrers ist jedoch nicht zwingend notwendig.
In offenen Pausensituationen sollen die Kinder auch lernen, eigenständig und selbstständig vorzugehen.
Eine Einhaltung der Schulordnung sowie Pausenregeln sind für alle verpflichtend.

Teil B: In der Praxis

Die Übersicht zeigt die hier im Buch vorgestellten Möglichkeiten der Pausengestaltung in einer inklusiven Grundschule auf einen Blick.

Möglichkeiten der Pausengestaltung (Übersicht)

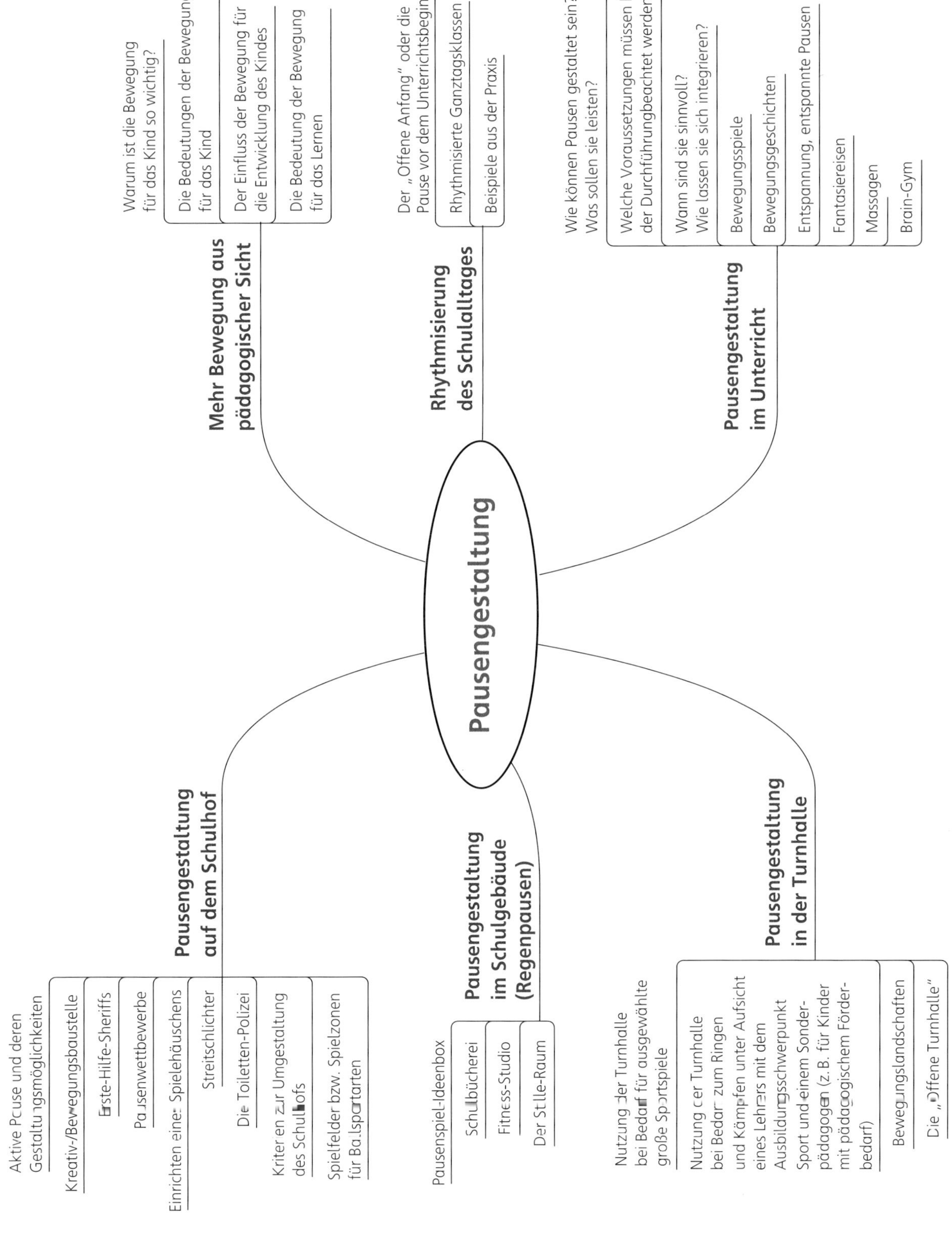

1. Pausengestaltung im inklusiven Unterricht

Besonders im Anfangsunterricht, aber auch im Rahmen der Inklusion, begegnen uns immer häufiger Kinder, die sich nicht lange konzentrieren können.
Weil das Gehirn nicht unendlich viele Reize gleichzeitig bewusst verarbeiten kann, muss es selektieren, welche Informationen und Reize wichtig sind und welche weniger wichtig. Worauf muss die Aufmerksamkeit gelenkt werden und welche Reize müssen ausgeblendet werden? ADHS-Kinder z. B. können Reize nicht selektieren und ausblenden. Deshalb ist es wichtig, Pausen im Unterricht zu schaffen, welche die Aufmerksamkeit wieder herstellen und die Kinder motivieren.
Es können Pausen zum Entspannen geschaffen werden oder auch Bewegungsübungen oder Konzentrations- und Koordinationsübungen wie beispielsweise das Brain-Gym.
Unterbrechungen des Unterrichts, in denen gezielte Pausen gemacht werden, stellen keine verlorene Unterrichtszeit dar, sondern wirken sich auf die Kinder sehr positiv aus. Der Wechsel zwischen ruhigen und bewegten Phasen ist kindgerecht und kann den Unterricht beleben.
Maßnahmen wie Pausen im Unterricht, dienen nicht nur dazu, den genannten Störungen entgegenzuwirken, sondern ermöglichen auch die Erhaltung und Verbesserung des psychophysischen und -sozialen Wohlbefindens.

Wann sind Pausen sinnvoll? Und wie lassen sie sich in den Unterricht integrieren?

Pausen können eingesetzt werden
- bei nachlassender Konzentration
- bei Ermüdungserscheinungen
- bei Unruhe
- zur Aktivierung
- zur Entlastung und Lockerung
- nach Phasen konzentrierter Arbeit
- zum Stressabbau

Beispiele für die Integration von Bewegung in den Schulalltag
- Bewegtes Sitzen meint die bewusste Variation von Sitzpositionen und ist besonders für Schüler mit ADHS geeignet, z. B. verkehrtherum auf dem Stuhl sitzen, in Phasen des Zuhörens auf dem Tisch sitzen und die Beine baumeln lassen, auf einem Sitzball sitzen, auf einem Ballkissen sitzen, auch einmal liegend auf dem Boden arbeiten dürfen, sei es beim Malen o. Ä. Aktivitäten
- Den Arbeitsplatz für kurze Zeit verlassen dürfen, z. B. bei akutem Bewegungsbedarf Aufstehen oder ein wenig Herumlaufen dürfen; auch die Übernahme von kleinen Diensten und Aufgaben sorgt für Bewegung, ebenso Arbeitsformen wie Stationsarbeit, Arbeit in Expertengruppen etc.
- Individuelle Bewegungszeiten
- Bewegungsfreundlicher Klassenraum

Welche Voraussetzungen müssen bei der Durchführung beachtet werden?

Der Lehrer gibt den Rahmen einer Pause vor. Er erkennt, wann eine Pause angebracht ist (Kinder sind erschöpft, müde, unkonzentriert, laut) und entscheidet, welche Form der Pause angebracht ist.
Vor dem Beginn einer Pause sollten immer die Fenster geöffnet werden.

Der Lehrer muss entscheiden, welche Art von Pause anzuwenden ist, z. B. ist gerade eine Bewegungspause oder eine Entspannungspause sinnvoll? Welche räumlichen Bedingungen sind vorhanden?
Der Lehrer ist immer Vorbild und macht, wenn möglich, aktiv mit.
Maximal können immer circa 10 Minuten für eine Pause eingeplant werden.

Welche Kompetenzen können die Schüler erlangen?

a) Fachkompetenz

Die Schüler
- erfahren, was zu einer gesunden Pause gehört
- erfahren, dass es sich mit Bewegung leichter lernen lässt
- sammeln vielfältige Bewegungserfahrungen
- verbessern ihre Fitness
- schulen ihre Koordinationsfähigkeit
- erleben ihren Körper vor und nach Phasen der Entspannung und des dazugehörigen Wohlbefindens
- erlangen eine bessere erneute Aufnahmebereitschaft
- erlangen vielfältige Bewegungserfahrungen und eventuell daraus resultierende Bewegungssicherheit

b) Sozialkompetenz

Die Schüler
- üben den Umgang mit Regeln
- nehmen Rücksicht aufeinander
- nehmen sich gegenseitig an
- lernen sich gegenseitig zu akzeptieren und wertzuschätzen
- schulen den Kontakt zu den Mitschülern

Im Folgenden finden sich Beispiele für Pausengestaltungen im inklusiven Unterricht, die Sie direkt einsetzen können:
- Bewegungsgeschichten
- Bewegungsspiele
- Entspannung, entspannte Pausen
- Fantasiereisen
- Massagen
- Brain-Gym

1.1 Bewegungsgeschichten

Bewegungsgeschichten sind Geschichten, die vom Erzähler mit Bewegungs- und Geräuschelementen verknüpft werden – mit der Zielsetzung, die Kinder zum Mitmachen zu ermuntern. Bewegungsgeschichten fordern die Kinder zum Bewegen und Nachspielen auf. Darüber hinaus sind die Kinder durch die Bewegungen in der Lage, die Geschichten und deren Inhalte besser nachzuvollziehen und zu verstehen. Die Geschichten werden körperlich-sinnlich begreifbar gemacht. Aber vor allem machen Bewegungsgeschichten den Kindern Spaß, da sie ihre Fantasie und Vorstellungskraft anregen.
Kinder erobern sich ihre Umwelt im Spiel und erwerben dabei konkrete Erfahrungen.

Was können Bewegungsgeschichten leisten?

Bewegungsgeschichten können
- anstrengende Lernphasen unterbrechen
- aufkommende Unruhe abbauen
- bewegungsarme Kinder zur Bewegung mobilisieren
- Bewegungsunruhe bei motorisch auffälligen Kindern abbauen
- helfen, Unruhe bei ADHS Kindern abzubauen
- Defiziten in der eigenen Körperwahrnehmung positiv entgegenwirken
- die Klassengemeinschaft fördern
- Spaß bereiten
- zum Weiterarbeiten motivieren

Wann und wie lassen sich Bewegungsgeschichten in den Unterricht integrieren?

Bewegungsgeschichten lassen sich schnell und ohne große Vorbereitung in den täglichen Unterricht integrieren. Sie sind jederzeit einsetzbar. In der Praxis hat es sich bewährt, Bewegungsgeschichten nach Phasen intensiven Arbeitens, bei aufkommender Unruhe oder Unkonzentriertheit einzusetzen.
Generell wird wenig Zeit und Platz bei ihrer Durchführung in Anspruch genommen. Bewegungsgeschichten können auch als Begrüßungsritual oder einfach im Laufe des Tages sowie in Sportstunden zum Einsatz kommen.

Im Folgenden werden zwei längere Bewegungsgeschichten[2] vorgestellt, deren Umsetzung im Unterricht jeweils 5–10 Minuten beansprucht. Hier ist aufmerksames Zuhören gefordert, um die begleitenden Bewegungen umzusetzen.
- Die Geschichte von Zwerg Brumm und seinen drei Brüdern
- Ein Ausflug mit dem Elefanten und der Maus

Die Bewegungsgeschichte „Das Weltraumschwein" dient der Auflockerung für Zwischendurch. Der Text basiert auf dem Kinder-Mitmach-Lied „Die Maus auf Weltraumreise" von Volker Rosin. Der Text kann als Geschichte gesprochen oder auch als Lied gesungen werden.

[2] Anregungen für weitere Bewegungsgeschichten findet man sowohl in der Fachliteratur (siehe Literaturtipps, S. 80), vereinzelt auch in Handreichungen für den Fachunterricht, in Fachzeitschriften sowie im Internet.

Zeit: 5–10 Minuten
Ziel: intensiver Bewegungsspaß, Reaktionsfähigkeit, taktil-kinästhetische Förderung

Der Lehrer erzählt die Geschichte vom Zwerg Brumm. Die Kinder ahmen die durch den Lehrer vorgeführten Bewegungen und Geräusche, Gesichtsausdrücke oder auch Stimmungen nach.

Die Geschichte vom Zwerg Brumm und seinen drei Brüdern

Vor vielen Jahren lebte einmal ein Zwerg. Dieser Zwerg hatte immer schlechte Laune und war stets brummig und zornig. Alle Leute nannten ihn darum den **Zwerg Brumm**.

[Bewegung: Hände wie Hörner an die Stirn halten und knurren, und zwar jedes Mal, wenn sein Name genannt wird.]

Zwerg Brumm lebte in einer großen dunklen Höhle mit seinen drei Zwergenbrüdern. Der eine Zwerg war rund und dick. Das war der **Zwerg Puh**.

[Bewegung: Mit beiden Armen einen dicken Bauch vor dem Körper nachempfinden, und zwar jedes Mal, wenn der Name genannt wird.]

Der zweite Zwerg war ganz dünn und lang. Das war der **Zwerg Wup**.

[Bewegung: Mit dem Daumen die volle Armlänge von unten nach oben zeigen, und zwar jedes Mal, wenn der Name genannt wird.]

Der dritte Zwerg war klein und hatte eine ganz lange Nase. Das war **Zwerg Winzig**.

[Bewegung: Sich auf den Boden hocken und eine lange Nase machen.]

Nicht weit entfernt von der Höhle der vier Zwergenbrüder lebte ein **Riese**.

[Bewegung: Sich ganz groß machen und eine Faust in die Luft heben.]

Der Riese lebte allein und langweilte sich furchtbar. Eines Tages hatte er eine gute Idee. Er wollte zur Höhle der Zwerge laufen und sie ein wenig ärgern, indem er ihnen ihren Zwergenschatz raubte. Er lief los. Zuerst kam er an einer großen Wiese vorbei.

[Bewegung: Hände aneinanderreihen wie rauschendes Gras]

Dann musste er über eine Brücke laufen.

[Bewegung: Fäuste auf dem Brustkorb trommeln – mal schnell und mal langsam]

Anschließend lief er einen steilen Berg hinauf und sprang zuerst über einen umgestürzten Baumstamm, dann über einen Wassergraben und lief schließlich dreimal um einen großen Baum herum.

[Bewegung: Zweimal hintereinander mit beiden Beinen über ein imaginäres Hindernis springen, dreimal um den eigenen Stuhl herum laufen]

Als er an der Höhle des Zwergen Brumm und seinen Brüdern Zwerg Puh und Zwerg Wup und Zwerg Winzig ankam, war alles still. „Nanu, ist denn hier keiner zu Hause?" wunderte er sich. Der Riese schlich sich in die Höhle. Zuerst kam er in ein schwarzes Zimmer. In einer dunklen Ecke lag Zwerg Brumm und schnarchte vor sich hin. Ganz leise schlich der Riese an Zwerg Brumm vorbei und gelangte in das nächste Zimmer. Hier lag in einem riesigen Bett Zwerg Wup und schnarchte. Mutig schlich der Riese weiter und gelangte in ein großes, breites Zimmer. Hier lag Zwerg Puh in einem sehr breiten Bett und schnarchte. In dem letzten Zimmer musste der Riese sich ganz klein machen, denn hier schlief und schnarchte Zwerg Winzig. Der Riese war enttäuscht. Alle schliefen und vom Schatz fehlte bisher jede Spur. Aber was war das? Glänzte da nicht etwas Silbernes unter der Zipfelmütze von Zwerg Winzig? Tatsächlich. Der Riese zog vorsichtig den Schatz unter dem schlafenden Zwerg Winzig hervor und rannte so schnell ihn seine Beine trugen aus der Höhle. Im Zimmer von Zwerg Puh stolperte der Riese plötzlich über ein Paar Pantoffeln. Davon wurde Zwerg Puh wach. Der weckte erschrocken Zwerg Wup. Vom Krach der beiden erwachte Zwerg Brumm und brüllte so laut, dass die Höhlenwände wackelten. Der Riese stürzte aus der Höhle und rannte so schnell er konnte auf einen Berg.

[Bewegung: Im Kreis um sich selbst laufen, dann auf einen Stuhl stellen.]

Die Zwerge Brumm, Wup, Puh und Winzig waren ihm dicht auf den Fersen. Doch der Berg war zu hoch für sie.

Der Riese stand oben auf dem Gipfel und schaute hinunter ins Tal. Dort sah er den furchtbar zornigen Zwerg Brumm und seine drei Brüder Puh, Winzig und Wup. Er winkte ihnen von hoch oben zu und rief laut „Juhu!" und wenn er nicht gestorben ist, dann macht er das noch heute.

[Bewegung: Winken und laut „Juhu!" rufen.]

Zeit: 5–10 Minuten
Ziel: intensiver Bewegungsspaß; Beweglichkeit, Konzentration, Reaktionsfähigkeit und Schnelligkeit trainieren

Der Lehrer liest die Geschichte vor. Die Kinder stehen neben ihrem Stuhl und agieren auf folgende Wörter mit folgenden Bewegungen:

Bei **Elefant:** Rüssel mit Armen machen
Bei **Maus:** In die Hocke gehen
Bei **riesig:** Auf den Stuhl steigen
Bei **klein:** Unter den Tisch kriechen

Ein Ausflug mit dem Elefanten und der Maus

Vor langer Zeit lebten ein **Elefant und eine Maus** friedlich als dicke Freunde zusammen. Und weil sie sich immer so gut verstanden, unternahmen sie in ihrer Freizeit möglichst viel miteinander.
Eines Tages hatte der **Elefant** eine **riesige** Idee: „Hör mal, **Maus**, heute machen wir einen Ausflug ins **Riesen**gebirge!" Die **Maus** war sofort einverstanden und suchte schnell ihre sieben Sachen zusammen, eine **kleine** Mütze und etwas zu Essen und natürlich ihre **kleine Mäuse**tasche. Und dann ging es auch schon los. Bald schon trafen die beiden ein paar Spaziergänger, die einen ganz **kleinen** Hund bei sich hatten.
Das Paar grüßte die beiden höflich: „Hallo **Maus**, hallo **Elefant**!" Und die **Maus** und der **Elefant** grüßten zurück. Der **Elefant** und die **Maus** hatten einen beschwerlichen Weg vor sich, denn für die **Maus** war es ganz schön anstrengend, einen so **riesigen** Berg zu erklimmen. Bald schon fing sie an zu jammern:
„Mensch, Elefant, ich kann nicht mehr. Ich bin ja so **klein** und du so **riesig**, kannst du mich nicht ein wenig tragen?"
„O.K.", antwortete der **Elefant** und blitzschnell nahm er die **kleine Maus** auf seinen Rücken und machte sich mit **riesigen** Schritten daran, den **Riesen**berg zu besteigen.
Als sie schließlich den Gipfel erreichten packte die **Maus** ihre **kleine** Tasche aus und beide machten ein Picknick auf dem Gipfel des **riesigen** Berges und genossen die Aussicht. Die Maus war begeistert:
„Mensch, **Elefant**, ist das nicht fantastisch? So eine tolle Aussicht und schau mal wie **klein** alles von hier oben aussieht, da komme ich mir richtig **riesig** vor!"

Das Weltraumschwein – eine Bewegungsgeschichte zur Auflockerung

Zeit: 5 Minuten
Ziel: Bewegungsspaß, Reaktionsfähigkeit, taktil-kinästhetische Förderung

Die Kinder stehen und sprechen den Text möglichst rhythmisch

Das Weltraumschwein

Refrain **Ich hab einmal ein Schwein geseh'n,**
[Bewegung: Mit beiden Händen auf dem Rücken ein Ringelschwänzchen zeigen.]
das wollt auf Weltraumreise geh'n.
[Bewegung: Mit beiden Händen einen Kreis markieren.]
Es packt in seinen Koffer rein,
[Bewegung: Imaginären Koffer mit beiden Händen am Griff vom Boden hoch heben.]
was man so braucht als Weltraumschwein.
[Bewegung: Mit den Händen Sachen in einen imaginären Koffer packen)

1. **Einen Keks, Keks, Keks**
[Bewegung: Keks zum Mund führen.]
für unterwegs, -wegs, -wegs.
[Bewegung: Am Platz marschieren und die Arme schwingen lassen.]
Einen Keks für unterwegs.
[Bewegung: Am Platz marschieren und die Arme schwingen lassen.]

2. **Einen Saft, Saft, Saft**
[Bewegung: Imaginäre Flasche zum Mund führen.]
für die Kraft, Kraft, Kraft.
[Bewegung: Bizeps anspannen und befühlen.]
Einen Saft für die Kraft.
[Bewegung: Bizeps anspannen und befühlen.]

3. **Einen Anzu-zug**
[Bewegung: Hände laufen von oben nach unten über den Körper.]
für den Flug, **Flug, Flug.**
[Bewegung: Mit ausgebreiteten Armen einen Flieger andeuten.]
Einen Anzug für den Flug.
[Bewegung: Mit ausgebreiteten Armen einen Flieger andeuten.]

1.2 Bewegungsspiele

Bewegungsspiele bilden eine Verknüpfung mit Sinneserfahrungen und sind so für die körperlich-sinnlichen Erfahrungen eine wichtige Grundlage des Körperempfindens.
Die hier dargestellten Spiele beinhalten unterschiedliche Ziele (vgl. Buschmann 2009, Seite 12):

Kurzfristige Ziele der hier aufgeführten Bewegungsspiele:
- Sie sollen den Kindern die Gelegenheit bieten, ihrem Bewegungsdrang nachzukommen.
- Sie sollen als Lockerungsübung dienen.
- Sie sollen die Kinder entspannen und beruhigen.
- Sie sollen eine aktive Erholung ermöglichen.
- Sie sollen Ermüdungserscheinungen abbauen bzw. sie ausgleichen.
- Sie sollen die Konzentration fördern.
- Sie sollen helfen, motorische Unruhe abzubauen.
- Sie sollen die Leistungsfähigkeit wiederherstellen.
- Sie sollen der dominierenden sitzenden Tätigkeit entgegenwirken.
- Sie sollen die Freude an Bewegung vermitteln und Spaß bereiten.

Langfristige Ziele der hier aufgeführten Bewegungsspiele:
- Sie sollen als Teil des pädagogischen Prinzips die ganzheitliche Entwicklung der Kinder unterstützen.
- Sie sollen Bewegungserfahrungen vermitteln, die einige Kinder im Alltag nicht mehr erfahren können.
- Sie sollen mathematische und sprachliche Grunderfahrungen durch Bewegung einfacher erschließen lassen.
- Sie sollen helfen, Bewegung als Grunderfahrung des kindlichen Lernens zu akzeptieren.
- Sie sollen die Körper- und Raumorientierung anregen.
- Sie sollen die Auge- und Handkoordination anregen.
- Sie sollen zu einem besseren Körpergefühl verhelfen.
- Sie sollen den Schulalltag so gestalten, dass es zu einer sinnvollen Ergänzung zwischen Lernen und Bewegung kommt.

Welche Voraussetzungen und Fragen müssen dabei berücksichtigt werden?
- Als Lehrer muss ich selbst eine positive Einstellung zu Bewegungsspielen besitzen und diese adäquat den Kindern vermitteln.
- Die Bedürfnisse und Fähigkeiten der Kinder müssen stets berücksichtigt werden.
- Ideen und Vorschläge von Seiten der Kinder müssen stets berücksichtigt werden.
- Räumliche Voraussetzungen bezüglich des Klassenraums müssen berücksichtigt werden.
- Die Teilnahme der Kinder an den einzelnen Übungen muss stets freiwillig erfolgen.
- Es könnte zu Berührungsängsten während der Massagen kommen, wie reagiere ich darauf?
- Es müssen feste Regeln aufgestellt werden.
- Die Übungen sollen durch regelmäßiges Ausüben zu einer Gewohnheit werden.
- Der organisatorische Aufwand (Platz- bzw. Materialaufwand) sollte so gering wie möglich sein.
- Der zeitliche Faktor (Planungs- bzw. Vorbereitungszeit; Erklären des jeweiligen Spiels/Spielregeln/Erlernen des Spiels) sollte so ökonomisch wie möglich sein.
- Die Elternschaft der Klasse sollte über die Wichtigkeit des Lernens in Bewegung aufgeklärt werden. Es sollten insbesondere Erläuterungen zu Bewegungspausen und Entspannungsmassagen gegeben werden.

Wuselball

Zeit: 5 Minuten
Material: 1–3 Softbälle
Ziel: Konzentration, Merkfähigkeit, Motorik

Die Klasse nimmt im Kreis Aufstellung. Jedes Kind muss sich seinen rechten und linken Nachbarn gut einprägen. Im Anschluss mischt sich die gesamte Gruppe, sodass jedes Kind zwei neue Nachbarn hat und nimmt wieder im Kreis Aufstellung. Ein Kind beginnt nun, einen Ball zu seinem ehemaligen rechten Nachbar zu werfen. So wird fortgefahren, bis der Ball einmal im Kreis herumgewandert ist.

Achtung: Der Ball wird also immer vom vorherigen linken Nachbarn zugeworfen!

Variation: Der Schwierigkeitsgrad kann gesteigert werden, indem bis zu drei Bälle ins Spiel eingebracht werden.

Hindernislauf

Zeit: 5 Minuten
Material: Stühle, Bücher, Radiergummis, Lineal etc.
Ziel: Bewegung, Geschicklichkeit, Koordination, Konzentration

Die Kinder bauen mit Stühlen einen Hindernisparcours im Klassenzimmer auf.
Im ersten Durchgang versuchen sie, die Hindernisse im leichten Hopserlauf zu überqueren. Dabei sollen sie vorsichtig über die Stühle steigen.

Als Steigerung können im nächsten Durchgang Dinge wie Bücher auf dem Kopf balanciert werden. Eventuell kann auch ein Lineal oder Radiergummi auf der Nase balanciert werden. Der Fantasie der Kinder sind beim Steigern des Schwierigkeitsgrads keine Grenzen gesetzt.

Variation: Wer schafft es, den Hindernislauf fehlerfrei zu bestreiten?

Stuhl-Choreo

Zeit: 5 Minuten
Material: Stuhl
Ziel: Bewegung, Koordination, Konzentration, Merkfähigkeit

Auf schnelle Ansagen eines Schülers oder des Lehrers bewegen sich die Kinder rund um ihren Stuhl.

Dabei können sie auf dem Stuhl rittlings sitzen und die Arme strecken, das rechte Bein nach vorne strecken, das linke Bein strecken, sie können den Stuhl mit beiden Händen fassen und dreimal anheben, sie können einmal vorwärts und rückwärts um den Stuhl laufen. Mögliche Bewegungsformen wären auch, viermal auf die Sitzfläche des Stuhls zu klatschen sich im Anschluss ganz schnell auf den Stuhl setzen, wieder aufstehen, einmal um den Stuhl laufen, sich hinter den Stuhl stellen und fünf Kniebeugen machen etc. Eine Choreografie kann neben der Wiederholung bestimmter Bewegungsabfolgen auch rhythmische und eventuell sogar tänzerische Elemente enthalten. Der Fantasie des Lehrers und der Kinder sind hier keine Grenzen gesetzt.

Tauchen und Schleichen

Zeit: 10 Minuten
Material: ---
Ziel: Bewegung, Konzentration, Merkfähigkeit

Die Klasse wird in zwei gleich große Gruppen geteilt. Die eine Gruppe stellt sich vorne an der Tafel auf. Die andere Gruppe legt den Kopf auf die Unterarme und „schläft" am Tisch ein. Sie tauchen ab und schließen die Augen. Gleichzeitig halten sie ihren Zeigefinger wie einen Schnorchel nach oben. Die Gruppe der Kinder vor der Tafel schleicht leise durch die Klasse. Jedes Kind berührt ein Kind seiner Wahl am Schnorchel und stellt sich im Anschluss wieder an die Tafel. Die Kinder, die berührt worden sind, ziehen ihren Schnorchel ein. Wenn alle Kinder angetippt worden sind, gibt der Lehrer ein akustisches Signal zum Auftauchen. Alle „schlafenden" Kinder öffnen die Augen und gehen zur Tafel, wo sie sich vor das Kind stellen, von dem sie meinen, dass es sie angetippt hat. Wer richtig geraten hat, tauscht seine Rolle als Taucher mit dem jeweiligen Schleicher und das Spiel beginnt erneut.

Zeit: 10 Minuten
Material: ---
Ziel: Bewegung, Konzentration, Merkfähigkeit, Koordination

Die Schüler sitzen in einem Stuhlkreis oder rücken mit ihren Stühlen soweit von den Tischen ab, dass sie die Füße gut bewegen können. Der nachfolgende Text wird in einem langsamen Rap-Rhythmus vorgetragen. Zeilenweise wird der Text von der Gruppe wiederholt. Bei jeder Strophe wird eine entsprechende Bewegung hinzugefügt. Während der ersten Strophe drehen alle Kinder einen imaginären Knopf mit der rechten Hand über dem Kopf. Zum Schluss sind Hände, Füße und Schultern in Bewegung.

Knopf-Rap

Refrain: Hal-lo, ich hei-ße Joe,
und ich ar-bei-te, in ei-ner Knopf-fa-brik.
Ei-nes Ta-ges kam mein Chef vor-bei
Und frag-te: „Joe, bist du be-schäf-tigt?"
Ich sag-te: „Nein!"

1. Strophe: „Dann dreh' den Knopf auch mit **der linken Hand**."

2. Strophe: „Dann dreh' den Knopf auch mit **der rechten Hand**."

3. Strophe: „Dann dreh' den Knopf auch mit **dem rechten Fuß**."

4. Strophe: „Dann dreh' den Knopf auch mit **dem linken Fuß**."

4. Strophe: „Dann dreh' den Knopf auch mit **der rechten Schulter**."

5. Strophe: „Dann dreh' den Knopf auch mit **der linken Schulter**."

6. Strophe: *Joe antwortet auf die Frage des Chefs mit „Ja!".*

1.3 Entspannung, entspannte Pausen

Schule muss gerade in einer Zeit, die durch Hektik und Leistungsdruck geprägt ist, Kindern auch die Möglichkeit geben, sich zurückzuziehen und Raum für Entspannung und Erholung zu bieten. Kinder haben auf der einen Seite den klaren Drang nach Aktivität und Bewegung. Erfahrungen im Schulalltag haben aber auch gezeigt, dass Entspannungsphasen von Kindern als sehr angenehm empfunden werden.
Gerade im Zuge der Inklusion ist dies oft deutlich geworden. Unruhige und verhaltensauffällige Kinder können ebenfalls viel Positives für sich herausziehen, wenn sie für das Thema Entspannung sensibilisiert sind. Dies geschieht Schritt für Schritt durch eine spielerische Heranführung an die Thematik.
Besonders Kinder mit ADHS profitieren davon.
Bezogen auf den Unterrichtsalltag können „entspannte Pausen" in vielfältiger Weise in den Schulalltag integriert werden. Zum einen bietet sich die Möglichkeit, sie in Unterrichtsphasen zu integrieren, zum anderen ist dies auch in den „Großen Pausen" möglich. Hier einige Möglichkeiten:

- Fantasiereisen
- Entspannungsmusik
- Massagen
- Yogaübungen
- Brain-Gym
- Fühlkisten
- Tastsäckchen
- Tastwege
- Lockerungsübungen
- Wahrnehmungsraum

Im Folgenden werden einige Beispiele für die oben genannten Möglichkeiten gegeben.

- Fantasiereisen
- Massagen
- Brain-Gym

1.3.1 Fantasiereisen

Fantasiereisen regen die Fantasie der Kinder an und entspannen und wecken Gefühle. Sie unterscheiden sich von Geschichten durch ihre Erzählweise und die Art des Vortragens. Man kann sie dem Bereich der Entspannungstechniken zuordnen: Zuhören, entspannen, sich geistig in eine Traumwelt begeben, in der man Ruhe und Entspannung findet.

Fantasiereisen fördern die Kreativität, die Lernbereitschaft und das Selbstbewusstsein von Kindern. Sie können einen positiven Einfluss auf den eigenen Körper und die Psyche nehmen und körperliche Beschwerden, wie z. B. Lernstress, Überarbeitung, aber auch Reizüberflutung, der vielen Kindern im Alltag durch zu viel Fernsehschauen oder Computerspiele ausgesetzt sind, lindern. Fantasiefähigkeit führt im Allgemeinen zum Abbau von Aggressionen.

Ideen und Texte für Fantasiereisen kann man im Internet oder in vielen Büchern finden. Fantasiereisen können aber auch vom Lehrer oder von Kindern selbst erfunden werden. Dann sollten sie immer im Zusammenhang mit den Unterrichtsinhalten und dem sozialen Verhalten der Kinder stehen.
Im Folgenden finden sich zwei Beispiele für Fantasiereisen mit Kindern.

Wie können Fantasiereisen in einem inklusiven Schulalltag eingesetzt werden?
Fantasiereisen können z. B. nach anstrengenden Arbeitsphasen, immer montags, um das Wochenende besser verarbeiten zu können, im Winter und an langen Regentagen, wenn die Klassenstimmung aufgeheizt ist, zum Einsatz kommen.

Tipps zur Durchführung:
Jede Fantasiereise beginnt mit einer Einleitung. So fällt es den Kindern leichter, sich aus dem Alltag herauszuziehen und bewusst den Fokus auf sich selbst zu richten.
Anschließend folgt der Hauptteil, die eigentliche Fantasiereise (Geschichte).
Bei der Fantasiereise ist es besonders wichtig, dass die Fantasiereise **langsam und mit ruhiger Stimme** vorgelesen wird. Es sollten **Pausen zwischen den Sätzen** gemacht werden, damit die Kinder sich die Situation in Ruhe vorstellen können.
Im Anschluss an die Fantasiereise folgt der Schlussteil bzw. die Rückhol-Phase. Mit dem Schlussteil gibt man den Kindern die Möglichkeit, sanft in die Realität zurückzukommen.

Mögliche Einleitung für eine Fantasiereise
Kuschle dich ganz gemütlich auf den Boden.
Spürst du deinen Körper?
Lege deinen Kopf ganz bequem auf dein Kissen.
Deine Schultern sind ganz entspannt.
Deine beiden Arme liegen ruhig neben deinem Körper, sie sind gestreckt und locker.
Atme ganz ruhig.
Spüre wie sich dein Brustkorb beim Ein- und Ausatmen hebt und senkt.
Schließe deine Augen und atme noch zweimal tief ein und aus.

Alternative
Lege dich bequem hin.
Die Beine sind hüftbreit ausgestreckt.
Deine Arme liegen locker neben deinem Körper ohne ihn zu berühren.
Deine Augen sind geschlossen.
Alle deine Körperteile sind entspannt und locker.
Spürst du den Boden unter dir?
Du fühlst dich schwer.
Alles ist schwer, deine Hände und deine Arme.
Auch deine Füße und deine Beine sind schwer wie Blei.
Spüre, wie sich deine Bauchdecke mit jedem Atemzug hebt und wieder senkt.
Atme langsam und tief.
Du bist ganz ruhig und entspannt.

Mögliche Rückholphase für eine Fantasiereise
Wenn du gleich wieder aufwachst,
liegst du wieder hier im Klassenraum.
Lasse deine Augen noch einen Moment geschlossen und genieße die Ruhe und Stille.
Du bist ganz ruhig und entspannt.
Atme tief ein und aus.
Wiederhole dies noch einige Male.
Lass dir Zeit!
Strecke dich und fühle die Spannung in deinem ganzen Körper.
Öffne langsam deine Augen.
Wenn du möchtest, gähne ein bis zweimal ganz kräftig.
Nun bist du wieder wach.

Alternative
Die Reise ist beendet.
Es ist Zeit, langsam zurückzukommen.
Atme tief ein und aus.
Spürst du deine Finger?
Spürst du deine Arme und deine Beine?
Gähne kräftig.
Recke und strecke dich ganz lang.
Ich zähle gleich langsam rückwärts von fünf bis null.
Bei null öffnest du langsam deine Augen.
Nun bist du frisch und entspannt.

Picknick im Wald

Heute ist ein schöner Tag, ich lade dich zu einem Picknick ein.

Der Korb ist gefüllt mit leckeren Sachen. Komm mit, lass uns gehen!

Die Sonne scheint und es ist warm.

Die Vögel zwitschern. Hörst du sie?

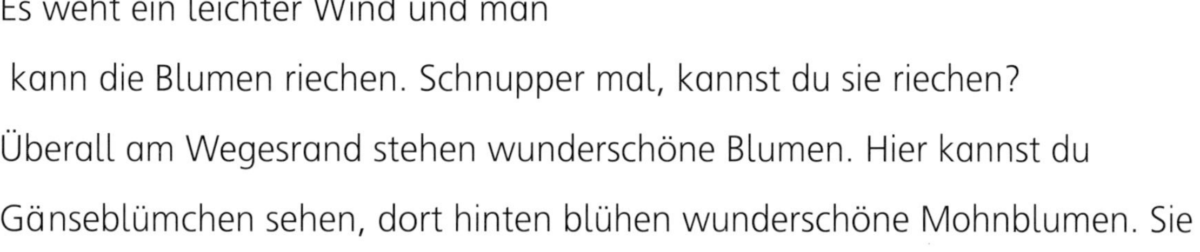

Es weht ein leichter Wind und man kann die Blumen riechen. Schnupper mal, kannst du sie riechen?

Überall am Wegesrand stehen wunderschöne Blumen. Hier kannst du Gänseblümchen sehen, dort hinten blühen wunderschöne Mohnblumen. Sie leuchten ganz rot.

Es ist so schön warm, lass uns die Schuhe und Strümpfe ausziehen. Jetzt gehen wir barfuß weiter. Das Gras ist herrlich angenehm kühl. Kannst du die Halme zwischen deinen Zehen spüren?

Ganz weit hinten sitzt eine Hasenfamilie und futtert Löwenzahn und Gras.

Komm mit, wir versuchen sie zu streicheln. Ihr Fell ist ganz weich und warm.

Hier gleich neben der Hasenfamilie ist ein schöner Platz zum Picknicken. Wir setzen uns ins weiche, warme Gras. Ein neugieriges Hasenkind kommt angehoppelt und möchte sich etwas aus unserem Picknickkorb stibitzen.

Wir lassen uns die leckeren Sachen schmecken und beobachten den kleinen Hasen, wie er eine Möhre aus unserem Korb knabbert.

Die Sonne kitzelt deine Nasenspitze. Wir legen uns noch eine Weile ins Gras und genießen die Ruhe und die Stille. Ist es nicht herrlich?

So, nun wird es Zeit nach Hause zu gehen. Wir ziehen unsere Strümpfe und Schuhe wieder an und gehen langsam nach Hause.

War das nicht ein schöner Ausflug?

Im Kirschbaum

Stell dir vor, du bist auf einen hohen Kirschbaum geklettert.

Nun sitzt du ganz weit oben im höchsten Ast des Baumes.

Von hier aus hast du einen wunderschönen weiten Ausblick.

Ein toller Platz. Alles unter dir wirkt so klein.

Es ist herrlich warm und die Sonnenstrahlen wärmen dein Gesicht.

Du schaust dich um.

Die Landschaft sieht wunderschön von hier oben aus.

Du pflückst dir eine Handvoll Kirschen. Sie sind ganz rot und saftig. Sie schmecken wunderbar süß, nach Sommer.

Du hängst dir zwei Kirschen an die Ohren.

Im Wind schaukeln die Äste des Baumes sanft hin und her.

Über dir fliegen zwei Vögel und ziehen ihre Kreise. Du schaust ihnen hinterher.

Nun kommen sie wieder näher und ein Vogel landet direkt neben dir im Baum.

Er klaut sich eine Kirsche von deinem Ohr und zwitschert leise eine schöne Melodie. Dann fliegt er weg.

Der Wind wird allmählich kühler und du kletterst langsam wieder vom Baum herunter. Schritt für Schritt, bis du wieder auf dem Boden angekommen bist.

Du merkst, dass du müde wirst und gehst langsam nach Hause zurück.

1.3.2 Massagen

Massagen dienen in erster Linie der Muskelentspannung. Sie regen die Durchblutung an und fördern die Dehnung der Muskulatur, was eine positive Auswirkung auf die Körperhaltung hat, da so verkrampfte Muskeln gelockert werden.

Massagen können sich auch positiv auf das allgemeine Wohlbefinden auswirken. Durch Massagen erfahren Kinder positive Zuwendung von anderen und können Berührungsängste abbauen. Die Kinder lernen durch das gegenseitige Massieren einfühlsam, fürsorglich und vorsichtig miteinander umzugehen und erweitern dadurch ihre sozialen Kompetenzen.

Voraussetzungen:
Massagen sollten immer in einer ruhigen Atmosphäre stattfinden. Sie dürfen immer nur mit der Zustimmung des zu massierenden Kindes erfolgen. Deshalb ist es ratsam, Kinder ihren Masseur immer selbst aussuchen zu lassen. Keiner möchte von jemandem berührt werden, den er nicht mag.

Es kann vorkommen, dass einige Kinder Massagen ablehnen, da sie es nicht mögen, von anderen berührt zu werden. Hier muss man als Lehrer dem Wunsch der Kinder Folge leisten und diese Ablehnung akzeptieren. In der Praxis hat sich aber gezeigt, dass diese Ablehnungen meist nur von kurzer Dauer sind. In der Regel legt sich diese Ablehnung bei der Beobachtung der anderen Kinder schnell.

Wichtig ist, die Kinder vor der Durchführung einer Massage darauf aufmerksam zu machen, dass die Wirbelsäule und der Bereich der Nieren ausgespart werden müssen. Das Wohlbefinden des Partners sollte immer an erster Stelle stehen. Das heißt, die Kinder sollen behutsam, vorsichtig und sensibel mit ihrem Partner umgehen.

Das zu massierende Kind kann entweder in einer bequemen Position in Bauchlage auf dem Boden (Turnmatte, Isomatte, Gymnastikmatte) liegen oder es kann am Tisch sitzen, wobei der Kopf auf die Unterarme gebettet und auf dem Tisch abgelegt wird.

Im Folgenden werden kleine Massagegeschichten und Spiele vorgestellt, die sich ohne großen Aufwand in den Schulalltag integrieren lassen.

Ballmassage

Zeit: 5–10 Minuten
Material: 1 Igel- oder Tennisball pro Schülerpaar
Ziele: Entspannung der Rückenmuskulatur, Steigerung des Wohlbefindens, taktile Stimulation

Die Kinder bilden Paare. Ein Partner setzt sich so auf einen Stuhl, dass er bequem und entspannt sitzt. Der Kopf kann dabei auf der Stuhllehne rücklings aufliegen oder auf verschränkten Armen auf dem Tisch ruhen.
Der andere Partner nimmt hinter dem ruhenden Kind Platz.
Ein oder zwei Bälle werden mit sanftem Druck gleichmäßig in kreisenden Bewegungen über den Körper gerollt (Arme, Beine, Rücken, Schulterbereich).

Achtung: Nicht auf der Wirbelsäule entlangrollen!

Klopfmassage

Zeit: 5 Minuten
Material: ---
Ziele: Entspannung der Rückenmuskulatur, Steigerung des Wohlbefindens, taktile Stimulation

Die Kinder bilden Paare. Ein Partner stellt sich leicht gebeugt vor den anderen.
Dieser klopft mit seinen Handinnenflächen vorsichtig, später auch etwas fester den Schulterbereich, die Arme, den Rücken ab.
Zum Schluss streichen die Hände dreimal den gesamten Rücken von oben nach unten aus.

Achtung: Nicht auf der Wirbelsäule entlangklopfen!

Nilpferdmassage

Zeit: 5 Minuten
Material: ---
Ziele: Entspannung der Rückenmuskulatur, Steigerung des Wohlbefindens, taktile Stimulation

Alle stellen sich im Kreis auf, jedes Kind hat immer einen Rücken vor sich, den es passend zur Geschichte massiert.

Eine Nilpferdmassage

Text: Ein kleines Nilpferd geht vorsichtig die Straße entlang.

Massage: Sanfter Druck mit den Fingern von oben nach unten entlang der Wirbelsäule.

Text: Die Mutter trottet hinterher.

Massage: Natürlich jetzt fester drücken.

Text: Das kleine Nilpferd will spielen. Es hüpft und springt, bis es die Mutter gar nicht mehr sehen kann.

Massage: Abwechselnd mit beiden Händen den Rücken von oben nach unten mal leichter, mal fester massieren.

Text: Plötzlich steht das kleine Nilpferd in der Wüste. Es steigt auf die Dünen und rutscht dann ganz langsam nach unten.

Massage: Von unten nach oben mit leichtem Druck der Hände, dann beim Rutschen, von oben nach unten, entlang der Wirbelsäule kräftig ausstreichen.

Text: Es beginnt zu regnen.

Massage: Ganz leicht mit den Fingerspitzen von oben nach unten den Rücken berühren, dicke Tropfen mit zwei Fingern, kleinere Tropfen mit jedem Finger

	trommeln, anfangs langsam, dann kann der Regen richtig doll werden – wenn man „den Rücken" vor sich ärgern will, macht man einen Wolkenbruch.
Text:	Der Regen hat die Wüste in ein riesiges Schlammloch verwandelt. Das kleine Nilpferd beginnt, sich voller Freude im Schlamm zu suhlen.
Massage:	*Mit der Faust und dem Handballen mit viel Druck den Rücken massieren, dabei die Stellen wechseln und über den ganzen Rücken verteilen.*
Text:	Vollkommen verdreckt macht sich das kleine Nilpferd auf den Nachhauseweg.
Massage:	*Wie oben, gehen: langsam klopfen, dann beim Laufen schneller und fester werden*
Text:	Zuhause wartet schon Mutter Nilpferd. Sie hat sich große Sorgen gemacht. Als sie das von Schlamm verschmierte kleine Nilpferd sieht, steckt sie den Ausreißer sofort unter die warme Dusche.
Massage:	*Ähhnlich wie bei der Regen-Massage oben, kann man die Stärke des Duschens verändern, besonders verkrustete Stellen müssen lange aufgeweicht werden!*
Text:	Dann nimmt die Mutter die Bürste und schrubbt den ganzen Dreck vom kleinen Nilpferd herunter.
Massage:	*Hände als Bürste, kammartig über den Rücken streichen, mit Druck in den Fingerspitzen, auch leichtes Krabbeln ist möglich.*
Text:	Zum Schluss rubbelt die Mutter das kleine Nilpferd mit einem riesigen Handtuch trocken.
Massage:	*Mit den Handflächen über den gesamtem Rücken fahren, streichen, drücken, reiben, richtig Wärme erzeugen.*

Zeit: 5 Minuten
Material: ---

Die Kinder bilden Paare. Ein Partner setzt sich bequem auf den Stuhl und legt den Kopf auf den Tisch, der andere Partner stellt sich dahinter. Der Lehrer liest die Geschichte vor und führt die Bewegungen pantomimisch vor. Alternativ kann er die Bewegungen auch an einer Puppe demonstrieren.

Kleiner Käfer Kribbel-Krabbel

Der kleine Käfer Kribbel-Krabbel macht einen Ausflug.	*Mit den Fingern über den Rücken krabbeln.*
Zuerst krabbelt er auf einen hohen Berg.	*Mit den Fingern den Rücken nach oben krabbeln.*
Auf der anderen Seite krabbelt er den Berg wieder hinunter.	*Mit den Fingern den Rücken nach unten krabbeln.*
Plötzlich fängt es leicht an zu regnen.	*Mit den Fingern leicht auf den Rücken trommeln.*
Doch der Regen wird immer fester und fester.	*Mit den Fingern fester auf den Rücken trommeln.*
Der kleine Käfer kann sich kaum noch halten und wird den Berg herunter gespült.	*Mit den Handflächen von oben nach unten streichen.*
Zum Glück schiebt die Sonne die Wolken weg und wärmt den Boden.	*Mit den Händen von links nach rechts streichen.*
Der Boden ist jetzt wieder ganz warm und trocken.	*Hände einen Moment auf dem Rücken liegen lassen.*
So kann sich der kleine Käfer Kribbel-Krabbel wieder auf seinen Weg machen.	*Mit den Fingern über den Rücken krabbeln.*

Anschließend werden die Rollen getauscht.

1.3.3 Brain-Gym

Bei der Gehirn-Gymnastik geht es im Wesentlichen um die Auswirkungen, die Bewegung auf das Lernen und Denken von Kindern hat und wie diese gezielt auf spielerische Art und Weise gefördert werden können. Grundlage hierfür ist die so genannte Edu-Kinestetik, die von dem Pädagogen Paul Dennison geprägt wurde.

26 Brain-Gym-Übungen, die besonders die Auge-Hand-Koordination, das Überkreuzen der Körpermittellinie, das beidäugige Sehen und das aktive Zuhören fördern, bilden den Mittelpunkt. Bei diesen Übungen werden bestimmte Grundlagen gefördert, die für die allgemeine Entwicklung von Kindern, aber auch für deren Lernfähigkeit von besonderer Bedeutung sind.

Auf den Unterricht bezogen können zum Beispiel das Vertauschen von bestimmten Buchstaben („b" und „p" oder „ei" und „ie" oder das Verwechseln von Zahlen) Anzeichen für die fehlende Zusammenarbeit beider Hirnhälften sein.

Funktioniert das Zusammenspiel beider Hirnhälften nicht, kann das Lernen für die betroffenen Kinder sehr anstrengend werden.
Mit Hilfe von regelmäßig angewendeten Brain-Gym Übungen können Kinder lernen beide Hirnhälften zu aktivieren. Auf lange Sicht kann sich die Lern- und Leistungsbereitschaft verbessern und die Kinder werden in ihrem Selbstwertgefühl gestärkt.

Was bewirken Brain-Gym-Übungen?
Brain-Gym Übungen

- fördern die Konzentration und Wahrnehmung der Kinder
- steigern auf lange Sicht das Selbstbewusstsein und Selbstwertgefühl der Kinder
- verbessern die Gesamtkoordination
- fördern das Zusammenspiel beider Gehirnhälften
- fördern den Stressabbau
- wirken Müdigkeit entgegen
- können Lernstress und Prüfungsangst entgegenwirken
- können Lernblockaden lösen

Übung	Wirkung
Denkmütze 	Die Denkmütze unterstützt das Gehirn und trägt zur Aktivierung der Ohren bzw. des besseren Hörens bei. Die Konzentration der Kinder ist danach meist wieder hergestellt und fokussiert.
Liegende Acht 	Diese Übung dient der Verbesserung der Auge-Handkoordination.
Elefant 	Mit der Übung werden alle Bereiche des Geist-Körper-Systems aktiviert. Außerdem werden damit Verspannungen im Nackenbereich gelöst.
Silmutanzeichnen 	Diese Übung trainiert die Koordination der Augen und unterstütz die Augen-Hand-Abstimmung für eine bessere Schreibfertigkeit.
Überkreuzbewegung 	Diese Übung stimuliert die Funktionen des gesamten Gehirns und der Stirnlappen. Das hat umfassende positive Auswirkungen sowohl auf geistige als auch körperliche Aktivitäten.
Gehirnknöpfe 	Diese Übung hilft, wach und aufmerksam zu werden. Die Gehirnknöpfe sind die Akupressurpunkte aus der chinesischen Medizin, mit denen sich Körperenergien aktivieren („einschalten“) lassen.
Nackenrollen 	Diese Übung entspannt das zentrale Nervensystem. Das Gehirn wird vitalisiert und die häufig verspannte Nackenmuskulatur gedehnt.

Denkmütze

Massiere deine Ohren mit Hilfe des Zeigefingers und deines Daumens, indem du mit beiden Fingern von oben nach unten massierst. Massiere deine beiden Ohren gleichzeitig.
Bist du unten am Ohr angekommen, massierst du das Ohr wieder von unten nach oben.
Wiederhole die Massage ca. 5–15 mal.
Mit dieser Übung schaltest du dein Gehirn ein und du kannst danach wieder besser Denken.

Liegende Acht

Wichtig bei der Übung ist, dass sich dein Kopf nicht bewegen darf und er während der gesamten Übung ruhig gehalten wird.
Beginne mit deiner Schreibhand. Strecke deinen Arm aus und halte deinen rechten Daumen nach oben in die Luft gestreckt (Superzeichen).
Zeichne mit dem Arm des ausgestreckten Daumens eine liegende Acht vor dir in die Luft.
Versuche, mit deinen Augen den Weg deines Daumens zu verfolgen, ohne dabei den Kopf zu bewegen. Schaffst du das?
Im Anschluss daran nimmst du den anderen Arm und machst die gleiche Übung mit dem anderen Daumen der Nichtschreibhand.
Wiederhole die Übung mit jeder Hand dreimal.
Wenn du möchtest, kannst du im Anschluss an die Übungen die Augen für eine Weile schließen.

Elefant

Schaue im Stehen – die Füße schulterbreit geöffnet – auf die gegenüberliegende Wand und stelle dir dort eine liegende Acht vor.
Den linken Arm streckst du nach vorne und das linke Ohr legst du nun auf die linke Schulter.
Zeichne mit dem ausgestreckten Zeigefinger die Acht nach und bewege dich von der Taille aus mit. Dabei atmest du tief ein und aus.
Wiederhole die Übung dreimal, wechsle dann den Arm.

Simultanzeichnen

Du kannst mit dem beidhändigen Zeichnen an einer Tafel oder auf großen Blättern an der Wand beginnen und später zu kleineren Blättern auf einem Tisch übergehen. Stelle oder setze dich mitten vor die Malfläche und zeichne links und rechts gleichzeitig (spiegelbildlich) die gleichen Figuren.
Richte dabei deine Augen so aus, dass du gleichzeitig sehen kannst, was du links und was du rechts zeichnest.

Überkreuzbewegung

Du bewegst den rechten Arm zusammen mit dem linken Bein, den linken Arm gleichzeitig mit dem rechten Bein. So gehst, hüpfst oder tanzt du zur Musik. Du bewegst dich vorwärts, rückwärts und seitwärts oder du marschierst auf der Stelle.
Es kommt darauf an, mit diesen Bewegungen immer wieder die Mittellinie des Körpers zu überqueren. Dazu ist es hilfreich, mit der Hand das gegenüberliegende Knie zu berühren.

Gehirnknöpfe

Halte bei dieser Übung mit einer Hand den Bauchnabel. Reibe mit den Fingern der anderen Hand die beiden weichen Stellen rechts und links neben dem Brustbein, gleich unterhalb der Schlüsselbeine.

Nackenrollen

Lass den Kopf ein wenig nach vorne hängen und rolle ihn langsam von einer Schulter zur anderen. Entspanne dich dabei und atme tief ein und aus. Du kannst die Augen dabei schließen oder offen halten.

2. Rhythmisierung des Schulalltags

2.1 Der „Offene Anfang" oder die Pause vor dem Unterrichtsbeginn

Leider starten viele Schüler oft gestresst in den Schultag. Alle stürmen in die Klasse, manche gucken noch recht verschlafen, wieder andere kommen gehetzt und zu spät in die Schule. Sofort mit dem Lernen zu beginnen, macht noch keinen Sinn.
In vielen Schulen hat sich deshalb der „Offene Anfang" als fester Bestandteil des Schullebens etabliert, d.h. es gibt eine Zeitspanne vor dem eigentlichen Unterrichtsbeginn, in der der Klassenraum bereits geöffnet und der Lehrer anwesend ist.
Der „Offene Anfang" ermöglicht den Kindern wie auch den Lehrern einen entspannten Schulbeginn. Alle können den Tag in einer ruhigen und entspannten Atmosphäre beginnen. Es können soziale Kontakte sowohl zu den Mitschülern als auch zum Lehrer intensiviert werden.
Auch der Lehrer hat die Möglichkeit, sich den Kindern einmal außerhalb des Unterrichtsgeschehens zu widmen. So bietet sich eine Gelegenheit, um zu spielen, zu reden, aber auch um Kinder individuell zu fördern.

Was ist bei der Einführung zu beachten?

Folgende Fragen können bei der Planung helfen:

- Um welche Uhrzeit sollte der „Offene Anfang" beginnen?
- Über welche Zeitspanne sollte sich der „Offene Anfang" erstrecken?
- Wie endet er?
- Gibt es ein Klingelzeichen oder ein gemeinsames Ritual, was den „Offenen Anfang" beendet?
- Welche Räumlichkeiten stehen der Schule zur Verfügung?
- Sollte jede Klasse für sich im eigenen Klassenraum bleiben?
- Darf man sich auch in den Räumlichkeiten des Offenen Ganztags treffen?
- Darf man andere Klassen besuchen?
- Nimmt jede Klasse bzw. jeder Schüler am „Offenen Anfang" teil oder ist die Teilnahme freiwillig?
- Gibt es besondere gemeinsame Ereignisse auf dem Schulhof, in der Aula, wie z. B. ein weihnachtliches Adventssingen auf dem Schulhof oder in der Aula, ein gemeinsames Lied, Bewegungsangebote auf dem Schulhof oder in bestimmten Klassenräumen, Aufsicht durch die Mitarbeiter der OGS, ...?

Ein Beispiel aus der Praxis

Der Schulhof ist für alle Kinder ab 7.30 Uhr geöffnet. Um 7.45 Uhr wird durch ein Klingelzeichen der „Offene Anfang" angekündigt. Eine Teilnahme am Offenen Anfang ist allen Kindern freigestellt. Spätestens bis zum offiziellen Beginn der ersten Schulstunde müssen sich alle Schüler in ihren Klassen eingefunden haben, damit der Unterricht für alle pünktlich beginnen kann.
Die Kinder haben die Möglichkeit, ab 7.45 Uhr ihren Klassenraum aufzusuchen. Dort können sie dann den unterschiedlichsten Dingen nachgehen. Sei es, mit anderen zu spielen und zu sprechen, nicht erledigte Hausaufgaben zu beenden, sich Zeit für das Arbeiten am PC zu nehmen, mit dem Lehrer zu reden oder noch einmal etwas zu üben und zu vertiefen, was im Unterricht nicht verstanden wurde.

Es können auch Klassendienste übernommen werden (Tafel, Blumen, Aufräumdienst etc.). Während der gesamten Zeit steht den Kindern der Lehrer zur Seite. Somit ist eine Aufsicht gewährleistet. Es empfiehlt sich, mit den Kindern gemeinsam ein Ritual einzuführen, das die Beendigung des „Offenen Anfangs" deutlich macht und den Beginn des Unterrichts vor Augen führt (z. B. ein Begrüßungs- bzw. Morgenkreis, ein Lied, Aufräummusik etc.).

2.2 Rhythmisierte Ganztagsklassen

Beispiele aus der Praxis

In einer rhythmisierten Ganztagsklasse wird der Unterricht des Vormittags auf den ganzen Tag verteilt. Der Unterricht ist flexibel gestaltet, wodurch sich Unterrichtsstunden mit Freiarbeits- und Übungsphase und Erholungsstunden abwechseln.
Der Unterricht wird so strukturiert, dass sich die Unterrichtseinheiten an den Konzentrationsphasen der Kinder orientieren.

Der Aufenthalt in einer rhythmisierten Ganztagsklasse beträgt an mindestens vier Tagen der Woche mindestens sieben Stunden und ist für alle Schüler verpflichtend.
Die Kinder können täglich ab 7 Uhr in die Schule kommen und bleiben bis 15 Uhr als Klassengemeinschaft zusammen. Sie verbringen ihren kompletten Tag gemeinsam.

Eine rhythmisierte Ganztagsklasse wird in der Regel von einem Klassenlehrer und einem pädagogischen Mitarbeiter aus der offenen Ganztagsschule (OGS) den ganzen Tag über gemeinsam betreut. Die Kinder erleben den Lehrer und die Mitarbeiter der OGS als Team und nehmen sie auch so war. Durch die besonders enge Zusammenarbeit von Lehrern und Erziehern ergeben sich viele Möglichkeiten und Freiräume im individuellen Umgang mit den einzelnen Kindern.

Hausaufgaben im traditionellen Sinn gibt es nicht. Anstelle der üblichen Hausaufgaben gibt es für die Klasse über den Vormittag verteilt oder auch am Mittag Lernzeiten, in denen vertiefende Angebote zum erteilten Lernstoff angeboten werden. Auch leistungsstärkere Kinder haben durch die doppelte Klassenleitung die Möglichkeit, sich intensiver als normal mit manchen Lerninhalten und Unterrichtsthemen auseinanderzusetzen.

Räumliche Voraussetzungen

Einer rhythmisierten Ganztagsklasse sollten mindestens zwei Räume zur Verfügung stehen. Ein normaler Klassenraum und ein Raum für Differenzierung und zum Spielen.

Mittlerweile hat sich schon an einigen Schulen der rhythmisierte Ganztag etabliert und es lassen sich zahlreiche Beispiele für gelungene Umsetzungen[3] finden.

[3] Die beiden auf der Seite 40 abgedruckten Stundenpläne der Hagenschule Dinslaken und der Grundschule Eiserfeld sind anschauliche Beispiele aus der Praxis.

Stundenplan der Hagenschule Dinslaken:

	Montag	Dienstag	Mittwoch	Donnerstag	Freitag
1. Stunde	Lehrer	Lehrer	Lehrer	Lehrer	Lehrer
2. Stunde	Lehrer	Lehrer	Lehrer	Lehrer	Lehrer
3. Stunde	Lehrer	Lehrer	Lehrer	Lehrer	Lehrer
4. Stunde	Lehrer	Lehrer	Lehrer	Mitarbeiter OGS	Mitarbeiter OGS
5. Stunde	Mitarbeiter OGS	Mitarbeiter OGS	Mitarbeiter OGS	Mitarbeiter OGS	Mitarbeiter OGS
6. Stunde	Mitarbeiter OGS	Mitarbeiter OGS	Mitarbeiter OGS	Mitarbeiter OGS	Mitarbeiter OGS
7. Stunde	Mitarbeiter OGS	Mitarbeiter OGS	Lehrer/Sport	Lehrer	Mitarbeiter OGS
8. Stunde	Lehrer	Lehrer/Sport	Lehrer/Sport	Lehrer	Mitarbeiter OGS

Stundenplan der Grundschule Eiserfeld:

Zeit	Montag	Dienstag	Mittwoch	Donnerstag	Freitag
7.30–7.50	offener Anfang	offener Anfang	offener Anfang	offener Anfang	offener Anfang
7.50–9.20	**Lernzeit I**	**Lernzeit I**	**Lernzeit I**	**Lernzeit I**	**Lernzeit I**
9.20–9.35	**gemeinsames Frühstück**	**gemeinsames Frühstück**	**gemeinsames Frühstück**	**gemeinsames Frühstück**	**gemeinsames Frühstück**
9.35–9.50	**Spielepause**	**Spielepause**	**Spielepause**	**Spielepause**	**Spielepause**
9.50–11.20	**Lernzeit II**	**Lernzeit II**	**Lernzeit II**	**Lernzeit II**	**Lernzeit II**
11.20–13.30	Lernstudio (einzelne Kinder), Mittagessen und freies Spiel	Lernstudio (einzelne Kinder), Mittagessen und freies Spiel	Lernstudio (einzelne Kinder), Mittagessen und freies Spiel	Lernstudio (einzelne Kinder), Mittagessen und freies Spiel	Lernstudio (einzelne Kinder), Mittagessen und freies Spiel
13.30–15.00	**Lernzeit III z. B. Sport, Religion, Musik, Kunst**	**Lernzeit III**	**Lernzeit III**	**Lernzeit III**	**freies Spiel**
15.00–16.00	AG-Angebote oder freies Spiel	AG-Angebote oder freies Spiel	AG-Angebote oder freies Spiel	AG-Angebote oder freies Spiel	AG-Angebote oder freies Spiel

3. Inklusive Pausengestaltung auf dem Schulhof

Die „Aktive Pause" und deren Gestaltungsmöglichkeiten

Jede Schule verfügt über einen Außenbereich. Manchmal findet sich schon eine mehr oder weniger vorgegebene Einteilung in verschiedene Bereiche, manchmal ist der Schulhof eher „naturbelassen", oft leider auch vernachlässigt.
Gerade im Zuge der inklusiven Schulentwicklung sollte ein Außengelände für die Schüler geschaffen werden, das für die unterschiedlichen Bedürfnisse der Kinder geeignet ist.
Aber wie kann ein Gelände so geplant werden, dass man allen Bedürfnissen gleichermaßen gerecht wird, ohne dass es das Budget einer Schule sprengt?
Ein auf Inklusion abgestimmtes Schulgelände entsteht und wächst mit den jeweiligen Bedürfnissen der Schule (Kinder, Lehrer, Erzieher, Eltern).
So könnte man z. B. das bestehende Gelände in mehrere Spiel- und Bewegungsbereiche untergliedern.

- Abgegrenzte Spielflächen für Ballspiele in bestimmten Pausen
- Platz für ein Spielehäuschen
- Kletterflächen
- eine Boulderwand
- eine Kreativ- und Bewegungsbaustelle
- glatte, gepflasterte Flächen zum Gleiten und Rollen
- Platz zum Schaukeln
- Platz zum freien Spiel

Hierbei ist nicht entscheidend, dass alle Spielbereiche und alle Spielgeräte von allen Kindern jederzeit zu nutzen und zu erreichen sind. Viel wichtiger sind die Anregungen, die das Gelände den Kindern zum selbstbestimmten Spielen im Rahmen der vorgegeben Regeln gibt. Kinder lernen sich so gegenseitig wertzuschätzen und passen ihre Spiele in der Regel selbst ihren Bedürfnissen an.

Gestaltung des Schulgeländes und des Pausenhofs

Ein Pausenhof sollte immer vielfältige Angebote und Möglichkeiten für Bewegung bieten. Dies kann z. B. über abgegrenzte Außenbereiche geschehen, wie Fußballfelder, Rasenflächen, Sandecken, Ruhezonen, Hüpf- und Hinkelbereiche, Ballspielflächen, Schaukelecken etc.
Schon mit kleinen Veränderungen lassen sich auch bei festinstallierten Schulhöfen Möglichkeiten mit großer Wirkung schaffen.

Kurzer Überblick von Kriterien zur Umgestaltung eines Schulhofes

Um eine Umgestaltung des Schulhofs zu planen, sollten die Kinder nach ihren Bedürfnissen und Vorstellungen gefragt werden.
Dann ist eine schrittweise Planung und Umsetzung nötig. Wichtig ist, dass hier Kommunen, Schulleitung, Lehrer, Eltern und Schüler an einem Strang ziehen.

Konferenzen

In der Schulkonferenz und auch der Lehrerkonferenz ist der Ort gegeben, um solche Vorhaben gemeinsam zu planen und zu realisieren. Zu Beginn einer solchen Phase ist es wichtig, auch externe Fachleute zu Rate zu ziehen und um Hilfe zu bitten.
Es empfiehlt sich auch ein Blick über den Tellerrand, indem man sich bei benachbarten Schule erkundigt und Tipps geben lässt.

Arbeits- und Planungsgruppe

Es ist immer ratsam, die Verantwortung und Aktivitäten auf viele Personen zu verteilen.
Zuerst sollten Fotos vom bisherigen Bestand gemacht werden.
Zusätzlich sollten auch Fotos von den Pausen gemacht werde, um festzuhalten, in welchen Zonen es Probleme gibt. Welche Bereiche werden von den Kindern viel oder gar nicht genutzt. Bergen einige Zonen Unfallrisiken?
Auf einem Plan sollte man Skizzen machen, wo was zu ändern ist und ggf. Notizen ergänzen, welche Wünsche von Seiten der Schülerschaft, der Lehrer, der OGS geäußert werden.

Ideen verbalisieren

In einem Projekt „Unser Traumschulhof" haben die Kinder die Möglichkeit, ihre Wünsche zu verbalisieren. Dazu können Malaktionen oder schriftliche Wunschzettel angefertigt werden.

Finanzen klären

Durch Einnahmen aus Basaren, Schulfesten oder Flohmärkten kann sicherlich ein Teil der Schulhofgestaltung bezahlt werden. Auch kann der Förderverein der Schule einen Teil der Kosten übernehmen. Oftmals lassen sich auch ortsansässige Banken, Stiftungen oder Vereine für ein solches Projekt gewinnen.

Die Umsetzung

Einzelne Aktionstage oder eine Projektwoche garantieren immer einen schnellen Erfolg. Auch die Elternschaft kann in Projekte wie „Wir verschönern unseren Schulhof" mit einbezogen werden.

Einrichten eines Spielehäuschens

Viele Schulen verfügen auf dem Schulhof über große Klettergeräte und Spielmöglichkeiten.
Ideal ist es, wenn es zusätzliche Spielmaterialien gibt, welche die Kinder zum Spiel anregen.
In vielen Grundschulen können die Schüler in den großen Pausen in einem Spielehäuschen Spielmaterialien ausleihen. Dafür gibt es verschiedene Möglichkeiten:
Häufig betreuen die Viertklässler in einem Rotationssystem die Ausleihe im Spielhäuschen.
An manchen Schulen sind auch Lehrer oder der Hausmeister eingebunden. In einigen Modellen

lassen die Kinder als Pfand ihren Schulausweis da, damit die Materialien am Ende der Pause auch wieder abgegeben werden. Wieder andere Modelle arbeiten mit Magnetwänden, an denen Magnete mit Namen versehen sind, welche als Pfand im Häuschen abgegeben werden. Ist der Magnet abhanden gekommen, darf nichts mehr ausgeliehen werden.

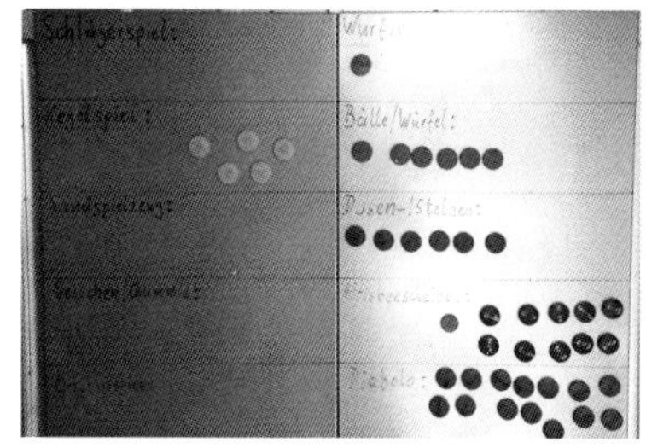

Hat eine Schule nicht die Möglichkeit, ein solches Spielehäuschen zu installieren, kann auch die Turnhalle als Bewegungsraum angeboten werden. In einem rotierenden System können einzelne Klassen unter Aufsicht eines Lehrers in den Pausen barfuß in die Turnhalle gehen. Der Vorteil des Barfußlaufens ist, dass keine Umziehzeit in Anspruch genommen wird. Auch verhindert das Barfußlaufen unnötigen Dreck in der Turnhalle.
In der Turnhalle können Kleingeräte zum freien Spiel angeboten werden, z. B. Springseile, Softbälle, umgedrehte Langbänke zum Balancieren. Diese bieten den Vorteil, dass sie schnell für die Kinder herausgeräumt werden können und dass sie sich am Ende der Pause auch schnell wieder mit den Kindern gemeinsam verstauen lassen.

Ziele

- Mit diesem Angebot werden die Kinder angeregt, sich in den Pausen zu bewegen und beim gemeinsamen Spiel freundschaftliche Kontakte zu entwickeln. Die Kooperation untereinander wird gestärkt.
- Nach einer bewegten und angenehm erlebten Pause fällt es den Kindern meist leichter, wieder aufmerksam und entspannter zu lernen.
- Indem die Kinder reihum die Ausleihe übernehmen und sich jedes Kind selbstständig mit seinem Spieleausweis etwas aussuchen kann, werden Selbstständigkeit und Eigenverantwortung geübt.

Mögliche Geräte für ein Spielehäuschen

- Geräte zur Schulung des Gleichgewichts:
  Pedalos, Stelzen, Rollbretter, Sommerski, Laufschildkröten etc.
- Geräte für Ballspiele:
  Softbälle, Tennisbälle, Tischtennisbälle, Badmintonbälle, kleine Softbälle etc.
- Geräte für Hüpfspiele:
  Gummitwist, Springseile, Reifen
- Geräte für Rückschlagspiele:
  Klettball, Badmintonschläger, Tischtennisschläger, Tennisschläger etc.

Zu Gummitwist und Springseilen können auch Karteikarten mit Anleitungen zum Ausleihen zur Verfügung gestellt werden, siehe Seite 46ff. Die Karteikarten können für eine bessere Haltbarkeit laminiert und mit einem Gummiband oder mit einem Ring zusammengehalten werden. Mit Hilfe der Kopiervorlage auf Seite 44 können Sie entsprechende Leihausweise erstellen. Die Vorlage wie angegeben mittig falten und als Vorder- und Rückseite doppelseitig kopieren. Für eine bessere Haltbarkeit können die Ausweise auch laminiert werden.

Vorderseite	Rückseite
[Foto einkleben] **Name:** ____________ **Klasse:** ______	**Regeln für das Ausleihen von Spielgeräten:** Ich stelle mich an! Ich halte meinen Ausweis bereit! Ich passe auf mein Spielgerät auf! Ich streite nicht! Ich gebe mein Spielgerät am Ende der Pause zurück!
[Foto einkleben] **Name:** ____________ **Klasse:** ______	**Regeln für das Ausleihen von Spielgeräten:** Ich stelle mich an! Ich halte meinen Ausweis bereit! Ich passe auf mein Spielgerät auf! Ich streite nicht! Ich gebe mein Spielgerät am Ende der Pause zurück!
[Foto einkleben] **Name:** ____________ **Klasse:** ______	**Regeln für das Ausleihen von Spielgeräten:** Ich stelle mich an! Ich halte meinen Ausweis bereit! Ich passe auf mein Spielgerät auf! Ich streite nicht! Ich gebe mein Spielgerät am Ende der Pause zurück!
[Foto einkleben] **Name:** ____________ **Klasse:** ______	**Regeln für das Ausleihen von Spielgeräten:** Ich stelle mich an! Ich halte meinen Ausweis bereit! Ich passe auf mein Spielgerät auf! Ich streite nicht! Ich gebe mein Spielgerät am Ende der Pause zurück!

Hier knicken

Die Gummitwist-Kartei

Gummitwist ist die Bezeichnung eines Kinderspiels, bei dem es vor allem auf Geschicklichkeit, Rhythmus und Körperbeherrschung ankommt. Der Name leitet sich von dem dafür benutzten Spielgerät (Hosengummi) und dem Modetanz Twist aus den 1960er Jahren ab.
Als Karteikarten zum Ausleihen bieten die Gummitwist-Anleitungen viele Anregungen, die die Kinder in kleinen Gruppen kreativ umsetzen können.
Die Anzahl der Mitspieler ist beliebig hoch. Feste Regeln gibt es beim Gummitwist als solches nicht. Grundsätzlich gilt, es darf solange gesprungen werden, bis ein Fehler gemacht oder gegen eine Regel verstoßen wird. Dann ist der Durchgang beendet und der nächste Springer ist an der Reihe.

Mögliche Regeln

Ein Durchgang ist beendet, sobald ein Springer einen Fehler macht, z. B. mit den Füßen auf einem falschen Gummi landet, hängen bleibt oder mit den Fußspitzen ein das Gummiband berührt. Als Fehler können außerdem ein ausgelassener Sprung oder die Nichteinhaltung der Sprungfolge sein. Um dem Springer das Springen zu erschweren, kann das Gummiband in der Höhe und in der Breite variiert werden. So gibt es z. B. vier unterschiedliche Stellungen im Höhenbereich: Knöchel, Wade, Knie, Gesäß (siehe Karteikarte 1).
In der Breite können die Füße der beiden „Gummibandhalter" hüftbreit, eng nebeneinander oder weit gegrätscht sein (siehe Karteikarte 2).

Sprünge:
Bei den Gummitwist-Sprüngen gibt es zahlreiche Varianten. Hier einige der Häufigsten (siehe Karteikarte 3):

1. Der Grätschsprung: Beim Grätschsprung landen beide Füße außerhalb des Gummibands.
2. Der Mittelsprung: Hierbei landen die beiden Füße des Springers in der Mitte zwischen den Gummibändern.
3. Der Aufsprung: Beim Aufsprung landen beide (Profis auch mit einem Bein) Füße auf dem Gummiband.
4. Der Seitsprung: Hier landet ein Fuß außerhalb und ein Fuß innerhalb der Gummibandes.
5. Der Abschlusssprung: Hierbei landet der Springer auf einer Seite außerhalb des Gummibands, um den Sprung zu beenden.

Es gibt zahlreiche Verse und Sprüche[4], zu denen gesprungen werden kann. Vielleicht kennen die Kinder einige, die sie dann selbst auf einer Karteikarte festhalten können (siehe Blanko-Vorlage, S. 48).

Im Folgenden zeigen einige Karteikarten für die Hand der Kinder, wie eine Gummitwist-Kartei aussehen kann. Wenn die Kinder sich einige Zeit mit dem Gummitwist beschäftigt haben, kommen sie meist oft auch auf eigene tolle Idee, was Sprungvarianten und Sprüche betrifft. Dann bietet es sich an, die Kinder Karteikarten für sich oder andere selbst gestalten zu lassen (siehe Blanko-Vorlage, S. 48).

[4] Viele Sprungfolgen mit Sprüchen findet man mit Hilfe des Suchbegriffs „Gummitwist" auf der Kinderseite von www.labbe.de/zzzebra/
Die Schweizer Website www.gummitwist.ch bietet neben Hintergrundwissen unter der Rubrik „Figuren" auch ein anschaulich dargestelltes „10er" Sprungspiel.
In dem von Birgit Fuchs verfassten Buch „Gummitwist und Co." werden viele Sprünge für die Kinder anschaulich dargestellt. Auch sogenannte Gummitwistkarten haben sich als sehr anschaulich erwiesen, gesehen bei: www.gefaengnisball.de. Bei dem hier unter dem englischen Begriff vorgestellten „Chinese Rope Jump" geht es insbesondere um das synchrone Springen der Gruppen.

Die Gummitwist-Kartei

Beim Gummitwist gibt es vier Schwierigkeitsstufen.
Es wird immer mit der Stufe 1 begonnen. Dabei spannen sich die beiden Gummibandhalter das Gummiband um die Knöchel.

Die Schwierigkeitsstufen beim Gummitwist im Bereich der Höhe sind:

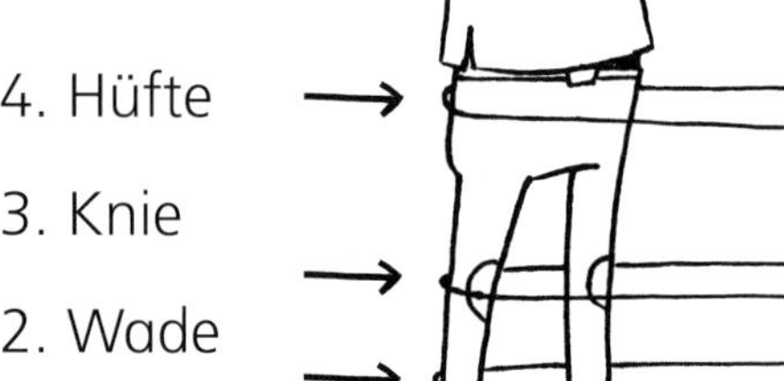

Tipp für Profis:
Ist euch das noch zu einfach? Dann versucht es mal mit der Wackelhüfte!

Die Gummitwist-Kartei

Die die beiden Gummibandhalter stehen in der Grundstellung die Füße hüftbreit auf. Beim Gummitwist könnt ihr aber auch die Fußstellung verändern.

Grundstellung: hüftbreit

Tipp für Profis:
Die Gummibandhalter können die Sprünge zusätzlich durch eine Veränderung in der Fußstellung erschweren:

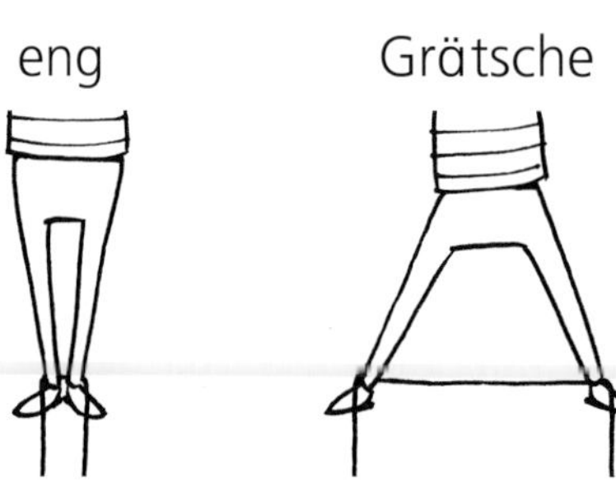

Die Gummitwist-Kartei

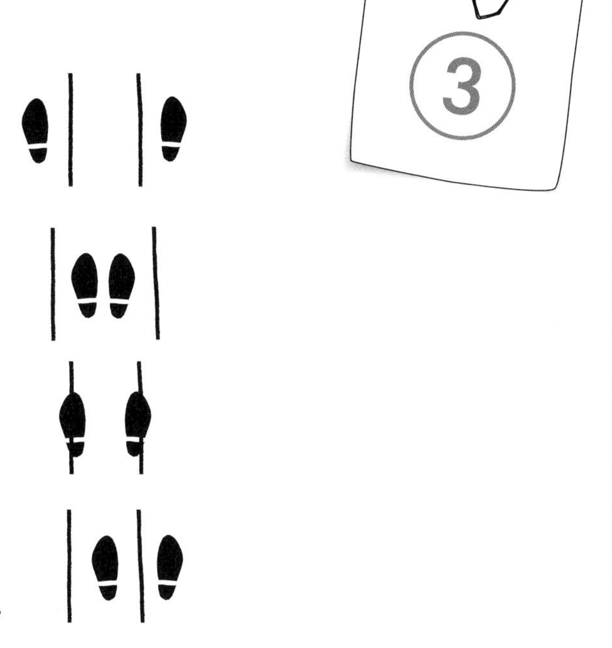

Die vier häufigsten Gummitwist-Sprünge:

Der Grätschsprung „Grätsche“:
Beim Grätschsprung landen deine Füße außerhalb des Gummibands.

Der Mittelsprung „Mitte“:
Deine Füße des landen in der Mitte zwischen den Gummibändern.

Der Aufsprung „Auf“:
Beim Aufsprung landen deine beiden Füße auf dem Gummiband.

Der Seitsprung „Seite“:
Bei Seitsprung landet ein Fuß außerhalb, der andere Fuß innerhalb des Gummibandes.

Der Abschlusssprung „Raus“:
Um deinen Sprung zu beenden, musst du über beide Gummibänder „raus“ springen.

Die Gummitwist-Kartei

4

Hier ein einfacher Reim:

Teddybär
Teddybär, Teddybär, dreh dich um,
Teddybär, Teddybär, mach dich krumm,
Teddybär, Teddybär bau ein Haus,
Teddybär, Teddybär geh' nach Haus.

Bei dieser einfachen Sprungfolge beschreibst du, was du springst:

Seite, Seite, Mitte, Grätsche, Seite, Seite, Mitte, raus!

Beim „Mickey Mouse“ machst du zu jedem Wort einen Sprung:

Ho-ho-ruck-ruck
Donald-Donald-Duck-Duck
Mickey-Mickey-Mouse-Mouse
Rein-rein-raus-raus.

Die Gummitwist-Kartei

Die Gummitwist-Kartei

Spiele mit dem Springseil

Bevor man die Spiele mit dem Seil durchführt, sollten die Kinder schon einmal Seil gesprungen bzw. ihnen sollte das Springseil als Sportgerät vertraut sein, da sonst der Frustrationsfaktor sehr hoch sein könnte. Wichtig – wie auch bei jedem anderen Spiel – ist, dass die Kinder sich zu Beginn immer mit dem Seil einspringen und aufwärmen, damit es nicht zu Verletzungen kommt.

Die hier vorgestellten Sprungarten können von den Kindern, nachdem sie ihnen bekannt sind und sie sich damit vertraut gemacht haben, auch zum freien Spiel auf dem Schulhof oder Sportplatz genutzt werden. Sie können sowohl alleine als auch als Partnersprünge durchgeführt werden.

Die Sprünge sind in Karteikartenform beschrieben, so können die Kinder sie auf dem Schulhof z. B. in einer Art Zirkeltraining an verschiedenen Stationen ausprobieren[5].
Wahrscheinlich kennen die Kinder ein paar Sprüche oder sind kreativ und denken sich eigene Spiele aus. Mit Hilfe der Blanko-Vorlage kann die Springseil-Kartei leicht erweitert werden (siehe S. 53).

Hier einige hilfreiche Tipps zur Einführung des Springens mit dem Springseil:

- Die Arme sind immer leicht angewinkelt, sodass sich die Hände ungefähr auf Hüfthöhe befinden.
- Das Seil sollte den Boden leicht berühren.
- Das Seil darf nicht öfter als einmal um die Hand gewickelt sein.
- Beim Springen sollte nur der Fußballen Bodenkontakt haben. Die Beine bleiben nahezu gestreckt.

[5] Viele interessante Tipps und Spiele zum Thema bietet die Internetseite www.labbe.de/zzzebra unter dem Suchbegriff „Seilspringen“.

Einfache Sprünge mit dem Seil

1

Grundsprung

Das Seil wird an beiden Enden gehalten und liegt hinter den Füßen auf dem Boden. Beim Schwungholen schwingst du das Seil von hinten über den Kopf nach vorne, während du mit beiden Füßen darüber springst. Das Seil wird immer locker aus den Handgelenken geschwungen.

Einfache Sprünge mit dem Seil

2

Wechselsprung

Springe abwechselnd mal auf dem linken, mal auf dem rechten Bein über das Seil.

Einfache Sprünge mit dem Seil

3

Seilchenlauf

Laufe mit dem Springseil vorwärts und springe während des Laufens über das Seil.

Einfache Sprünge mit dem Seil

4

Froschsprung

Hüpfe wie beim Grundsprung und versuche, noch einen kleinen Zwischenhüpfer einzubauen.

Einfache Sprünge mit dem Seil

5

Rückwärtssprung für Profis

Springe den Grundsprung, schlage aber das Seil rückwärts. Dafür liegt das Seil zu Beginn vor deinen Füßen. Schwinge es rückwärts über deinen Kopf und springe dann darüber.

Einfache Sprünge mit dem Seil

6

Der Doppelsprung

Suche dir einen Partner. Stelle dich ganz dicht hinter deinen Partner. Der Hintermann schwingt das Seil. Versucht nun, gemeinsam über das Seil zu springen.

Einfache Sprünge mit dem Seil

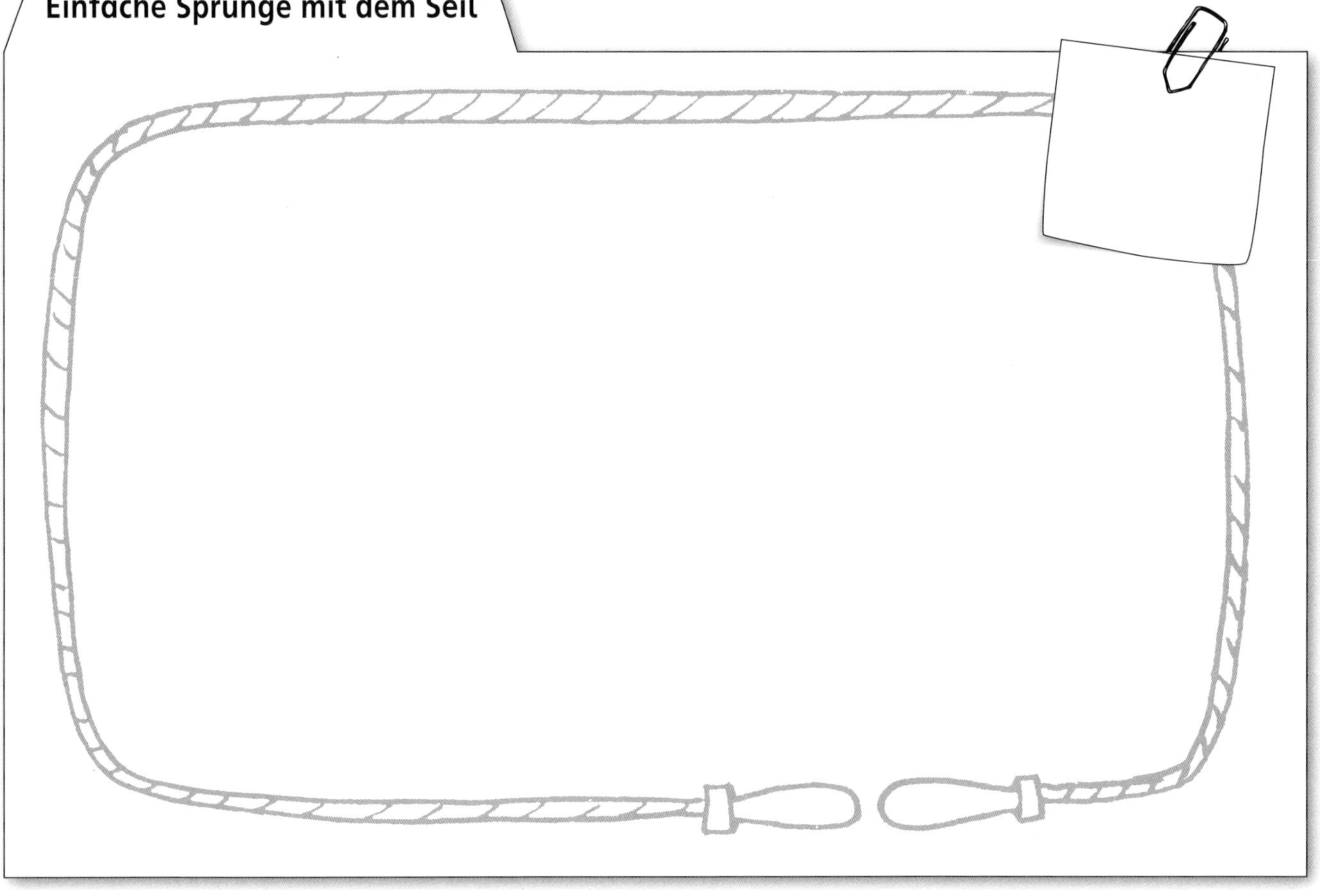

Einfache Sprünge mit dem Seil

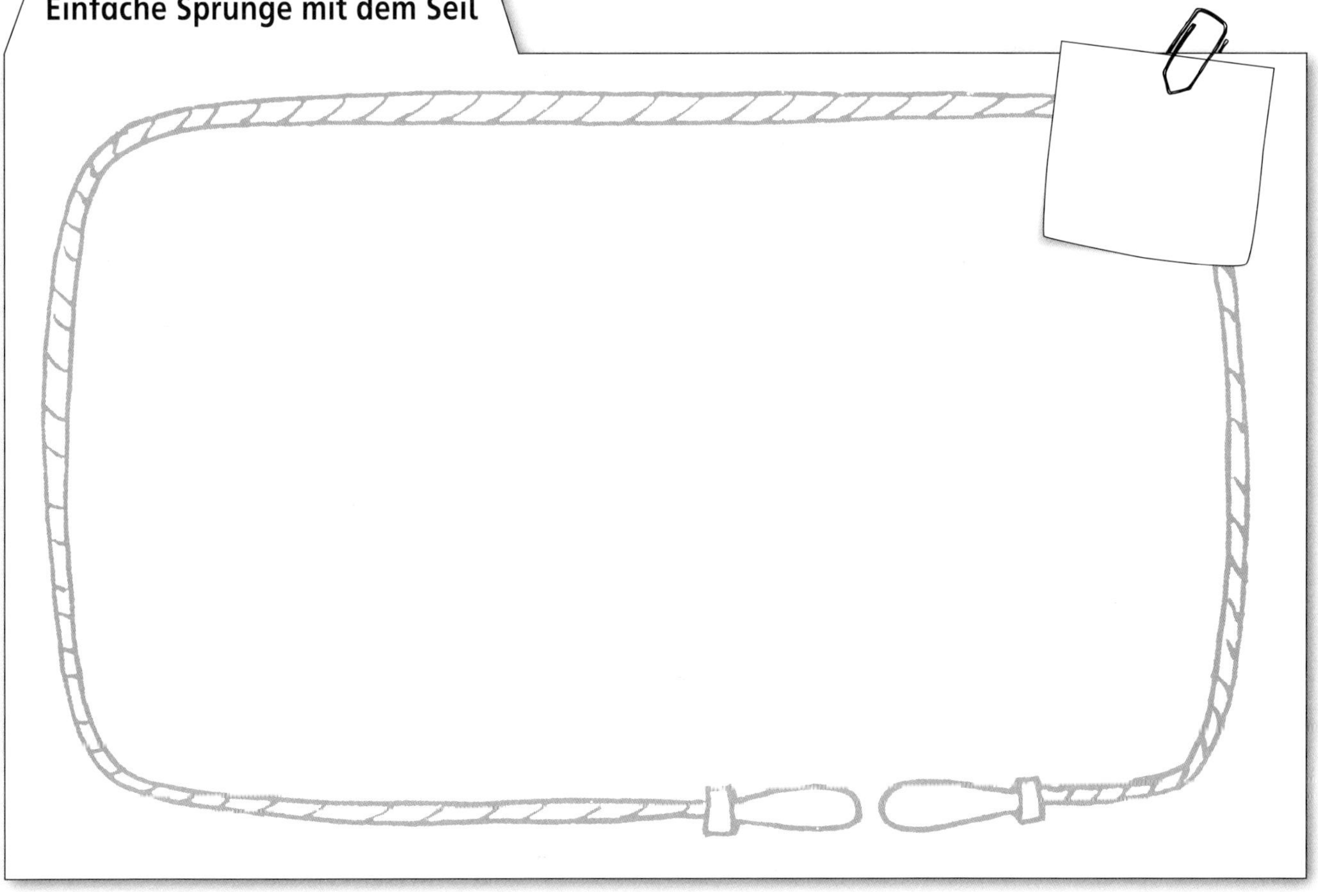

Mit dem Springseil lassen sich auch viele Spiele zu zweit oder in der Gruppe durchführen. Die folgenden Spielideen (auch zu finden in Buschmann 2009, S. 23ff.) können ebenfalls Bestandteil der Springseil-Kartei sein. Für das Spiel „Das kreisende Seil" ist ein kleines Sandsäckchen als Gewicht nötig.

Spiele mit dem Seil

1

Seilchenklau

Anzahl der Spieler: beliebig
Ihr braucht: genau so viele Springseile wie Spieler

So geht's:
Jedes Kind erhält ein Seil, das es sich in den Hosenbund steckt, sodass etwa die Hälfte des Seils auf dem Boden aufliegt. Jeder versucht, jedem das Seil zu klauen, indem er mit dem Fuß auf das Ende des Seils tritt. Gewonnen hat, wer bis zum Schluss sein Seil im Hosenbund hat oder am Ende die meisten Seile ergattern konnte.

Spiele mit dem Seil

2

Das kreisende Seil

Anzahl der Spieler: ca.10–14
Ihr braucht: ein Springseil mit einem kleinen Sandsäckchen als Gewicht

So geht's:
Stellt euch in einem großen Kreis auf. Wählt ein Kind aus, das sich in den Kreis stellt. Ihr könnt z. B. auszählen.
Das Kind in der Mitte hat die Aufgabe, ein Seil zu drehen, an dessen Ende ein Säckchen befestigt ist. Die Kinder im Kreis müssen versuchen, über das Seil zu springen ohne daran hängen zu bleiben.
Wer hängen bleibt, übernimmt die Aufgabe des Drehers.

Spiele mit dem Seil

3

Im Netz der Spinne

Anzahl der Spieler: ca. 10–16
Ihr braucht: ein Springseil pro Spielerpaar

So geht's:
Vier Kinder werden als „Insekten" ausgewählt. Die anderen Kinder bilden als „Spinnen" einen großen Kreis. Die Kinder, die sich im Kreis gegenüber stehen, teilen sich ein Seil und halten es jeweils am Ende fest. So entsteht ein Spinnennetz aus den Seilen.
Die vier „Insekten" haben nun die Aufgabe, über und unter die gespannten Spinnenweben zu steigen bzw. darunter her zu kriechen – ohne die Seile zu berühren. Alle Kinder im Kreis passen auf, ob ein „Insekt" das Netz berührt. Hat jemand ein Seil berührt, nennen sie den Namen des Kindes. Aber Vorsicht! Die „Spinnen" müssen ihre Seile immer schön ruhig halten!
Anschließend können neue Kinder bestimmt werden.

Spiele mit dem Seil

4

Figuren raten

Anzahl der Spieler: 2
Ihr braucht: ein Springseil, evtl. eine Augenbinde

So geht's:
Spielt zu zweit. Ein Kind legt mit dem Seil eine Figur und der Partner hat die Aufgabe die Figur mit geschlossenen Augen zu ertasten und zu erraten.
Wechselt euch ab.

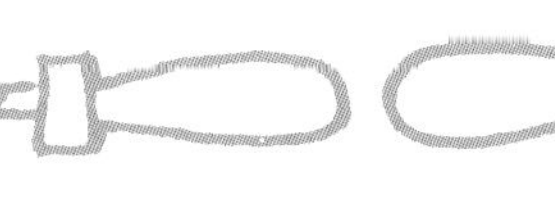

Pausenwettbewerbe & „Meister"-Abzeichen

In Verbindung mit dem bereits vorgestellten Spielehäuschen lassen sich über das Schuljahr verteilt mit den Spielgeräten aus dem Spielehäuschen (z. B.: Pedalos, Stelzen) „Wettbewerbe" gestalten, bei denen eine Art Sportabzeichen erworben werden kann.
Den Kindern werden bezogen auf die Geräte des Häuschens Anforderungen gestellt, die sie im Laufe des Schuljahres erreichen sollen, z. B. 10 Meter mit den Pedalos vorwärts und rückwärts fahren.

Wenn die Kinder meinen, sie können diese Anforderungen erfüllen, führen sie ihre Leistungen einem Lehrer vor und erhalten dann beispielsweise einen Button: „Pedalomeister der *(Name)* Schule", siehe auch Kopiervorlage auf Seite 65.

Darüber hinaus werden die Namen der Kinder in einer Klassenliste festgehalten. Regelmäßig werden diese Listen im Schulgebäude oder am Pausenhäuschen ausgehängt, auf denen man sehen kann, wie viele Kinder einer Klasse den „Meister" bereits geschafft haben.

Die Kreativ- und Bewegungsbaustelle

In einer Kreativ- und Bewegungsbaustelle haben die Kinder die Möglichkeit, in einem festgelegten Arial mit Materialien Bewegungslandschaften selbstständig zu bauen und zu kreieren.

Die Kinder bauen und gestalten mit dem ganzen Körper. Im Vordergrund steht hier das sich selbst entwickelnde Spiel der Kinder.

Auf dem Schulhof könnte den Kindern täglich oder aber auch nur einmal wöchentlich die Kreativ- und Bewegungsbaustelle zur Verfügung stehen – in einem klar begrenzten Areal.

Die Spielgruppe sollte nicht mehr als 15 Kinder stark sein.

Es sollte eine Aufsicht speziell für diesen Bereich zuständig sein, die sowohl Auf- und Abbau beaufsichtigt als auch für die Streitschlichtung zuständig ist. Eventuell können auch Kinder des vierten Schuljahres als Aufsichtshelfer hinzugezogen werden. Diese müssten dazu in einem Projekt entsprechend auf ihre Aufgabe vorbereitet bzw. ausgebildet werden, z. B. in AGs im Ganztagsbereich.

In der Kreativ- und Bewegungsbaustelle sollten spezielle Regeln gelten, damit das Unfallrisiko nicht zu groß ist. Ein Plakat mit den Verhaltensregeln sollte für alle sichtbar ausgehängt werden. Man kann auch überlegen, diese Regeln mit der Projektgruppe eines vierten Schuljahres zusammen zu entwickeln.

Mögliche Regeln können sein:
- Es dürfen nicht mehr als zwei Kisten bzw. Kartons übereinander gestapelt werden.
- Baut nichts, was gefährlich ist.
- Gefährdet keine Mitspieler.
- Achtet darauf, dass sich kein Kind unter gefährlichen Bauten aufhält.

Materialien für eine Kreativ- und Bewegungsbaustelle können Gegenstände sein, die sich einfach besorgen lassen und aus dem Alltag der Kinder stammen, wie z. B.:

- Große Kartons zum Stapeln und Bauen
- Plastikrohre
- Seile
- Reifen (alte Fahrradreifen, eventuell sogar Autoreifen)
- Hütchen (Pylonen)
- Rollbretter

Spielfelder bzw. Spielzonen für Ballspiele

Während der Schulhof als solcher allen Kindern jederzeit zur Verfügung steht, kann man mit Hilfe von Eingrenzungen (aufgemalte Spielflächen bzw. Spielfelder) den Schulhof in Zonen unterteilen.

Für den Einsatz auf den Spielfeldern kann jede Klasse über eigene Softbälle verfügen. Damit es nicht zu Überbelegungen und Streitigkeiten bei der Spielfeldbelegung kommt, kann man als Schule einen Belegungsplan eigens für die Spielfelder anlegen. So wird man allen Klassen gerecht und hat nicht das Problem, dass immer nur die „Großen" das Fußballspielfeld belegen und jüngere Klassen nicht zum Zuge kommen.

Die Klassen haben die Aufgabe sich selbst zu organisieren, d. h. gegebenenfalls einen Schiedsrichter zu stellen, falls nötig.

Beispiel für einen Belegungsplan:

- Die „Großen" spielen generell nur in der zweiten Pause, da sie prinzipiell länger Unterricht haben.
- Ballspiele sind in der ersten oder zweiten Pause aus Platzgründen generell nicht erlaubt.
- …

Spielfeld Belegungsplan

	Mo	**Di**	**Mi**	**Do**	**Fr**
1. Pause					
2. Pause					

Erste-Hilfe-Sheriffs

An jeder Schule und meist auch zu Hause kommt es fast täglich zu Unfällen. Besonders der Schulhof stellt eine große Gefahrenquelle dar.
Oft sind es nur kleine Verletzungen, die keinen Arztbesuch erfordern, die aber trotzdem versorgt werden müssen.
Wenn Unfälle passieren, dann handelt es sich bei den Verletzungen meist um:

- Schürfwunden
- Prellungen
- Beulen
- Brüche

Ist ein Unfall passiert, muss schnell geholfen werden. Erste Hilfe muss gelernt und immer wieder geübt werden, damit man bei einem Notfall richtig handeln kann. Schon Grundschüler können lernen, verletzten Personen zu helfen. Manche Maßnahmen der Ersten Hilfe überfordern Kinder in diesem Alter noch, andere sind aber bereits für sie möglich. An den hier zusammengestellten Punkten lernen Grundschüler einfache Maßnahmen der Ersten Hilfe, die sie in der Schule anwenden können.
Wichtig ist, dass die Kinder auf diese Aufgaben gut vorbereitet werden. Dies kann über Projekte im Unterricht oder über Arbeitsgemeinschaften im Ganztagsbereich erfolgen. Die Ausbildung sollte erst ab der dritten Klasse starten, da jüngere Kinder schnell überfordert sein können. Kinder sollten in der Lage sein, zu entscheiden, wann es sinnvoll ist, einen Lehrer hinzuzuziehen.

In der Ausbildung zu Erste-Hilfe-Sheriffs können die Kinder verschiedene Aspekte der Erste-Hilfe lernen, z. B.:

1 **Notruf**
Notruf absetzen

2 **Wunde am Knie versorgen**
Rahmenverband anlegen mit Heftpflastern und Mullkompressen

3 **Wunde am Finger versorgen**
Fingerkuppenverband anlegen mit Wundschnellverband („Pflaster“)

4 **Wunde an der Hand versorgen**
Rahmenverband anlegen

5 **Insektenstich**
Notruf absetzen, Hals von innen und außen kühlen

6 **Nasenbluten**
Nacken kühlen

7 **Beulen versorgen**
Kühlen und Wunde versorgen

8 **Verbrennungen durch die Sonne**
Kühlen

Damit die Erste-Hilfe-Sheriffs auf dem Schulhof auch gut von den anderen Kindern erkannt werden, hat es sich bewährt, sie mit Hilfe von farbigen T-Shirts oder Tragen von Buttons oder Schirmmützen für die anderen Kinder und Lehrer zu kennzeichnen.
Siehe auch Seite 65 für Kopiervorlage Erste-Hilfe-Sheriff.

Toiletten-Polizei

Schmutzige und stinkende Toiletten gehören leider zum Schulalltag wie das Schulbrot zur Frühstückspause. Alle beklagen sich, aber keiner ist es gewesen.

Um dem entgegenzuwirken, können verschiedene (praxiserprobte) Maßnahmen eingesetzt werden: von Toilettenregeln, Merkblättern im Format eines Leporello, der Toiletten-Polizei und einem Lob an die Gemeinschaft in Form von Auszeichnungen für saubere Toiletten. Diese Maßnahmen verdrängen das Problem nicht ganz, aber sie verzeichnen Fortschritte in die richtige Richtung.

Um die Einhaltung von Toilettenregeln zu gewährleisten, müssen die Kinder im Unterricht vorher darüber aufgeklärt werden. Das kann z. B. im Unterrichtsgespräch anhand der auf dem Poster auf Seite 60 illustrierten Verhaltensregeln geschehen. Als eine Möglichkeit der Erinnerungshilfen für die Kinder bietet es sich an, die im Unterricht besprochenen Toilettenregeln als Leporello für die Kinderhand zu erstellen, siehe Kopiervorlage Seite 61.

In den Toilettenräumen können die in der Schule geltenden Toilettenregeln zur Unterstreichung ihrer Gültigkeit für alle sichtbar ausgehängt werden. Alternativ kann die Kopiervorlage (siehe Seite 60) auf DIN A3 vergrößert als Poster genutzt werden.

Die Toiletten-Polizei besteht aus einer Gruppe von Kindern (vorzugsweise Kinder aus dem zweiten bis vierten Schuljahr), die während der Schulhofpausen die Toiletten im Auge haben. Die Kinder der Toiletten-Polizei können mit kleinen Buttons gekennzeichnet werden, siehe Kopiervorlage Seite 65.
Die Dienste können auf das ganze Schuljahr bezogen klassenweise gewechselt werden. Für eine Schicht sollten jeweils zwei Mädchen und zwei Jungen als Aufsicht zur Verfügung stehen.

Die Kinder der Toiletten-Polizei haben nicht die Aufgabe, die Toiletten bei Verunreinigung zu reinigen, sondern sie sollen kleine „Schmutzfinke" darauf aufmerksam machen, wie man Toiletten hinterlässt und wie man sich während eines Toilettengangs verhält. Dazu können sie z. B. Kinder befragen: Hast du daran gedacht, dir deine Hände zu waschen? Hast du die Toilette sauber vorgefunden? Hast du deine Toilette sauber verlassen? Hast du abgespült?

Gegebenenfalls kann die Toiletten-Polizei hier das Leporello-Merkblatt bzw. das Poster mit den Toilettenregeln als Hilfestellung für Fragen und Erklärungen nutzen.

Bei einem Verstoß gegen die vereinbarten Regeln soll die Toiletten-Polizei dafür sorgen, dass die Kinder ihre Toilette wieder reinigen.

In der Praxis hat es sich bewährt, nach einer erfolgreich sauberen Toilettenwoche (man kann auch einen Zwei-Wochen-Rhythmus wählen) die Kinder der ganzen Schule mit einer Kleinigkeit zu belohnen (Hausaufgabenfrei für alle, Süßigkeiten, Auszeichnungen für die sauberste Mädchen bzw. Jungentoilette (siehe Kopiervorlage auf Seite 62)

Unsere Toilettenregeln

Das Hokus-Pokus-Sauber-Lokus

Denk daran: Die Toilettenräume sind kein Spielplatz, sondern ein „stilles Örtchen". Suche die Toilettenräume nur auf, wenn du wirklich „musst" – und das kannst du alleine. Wir halten keine Türen zu. Wir knallen keine Türen. Wir lassen andere ungestört die Toilette benutzen.

Setze dich richtig auf die Toilettenbrille.

Benutze immer Toilettenpapier – aber nur so viel wie nötig.
Das benutzte Toilettenpapier wirfst du in die Toilette.

Falls mal etwas daneben gehen sollte,
mache die Toilette bitte sauber!

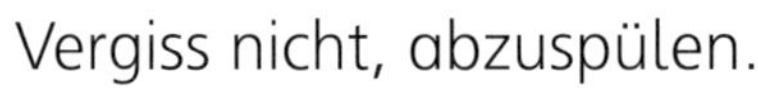

Vergiss nicht, abzuspülen.

Falls nötig, benutze die Toilettenbürste.

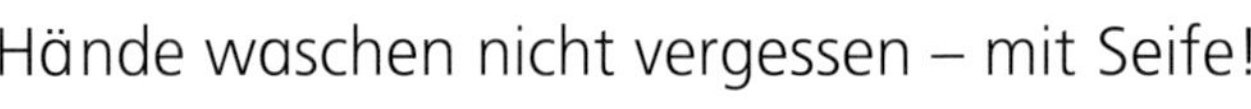

Hände waschen nicht vergessen – mit Seife!

Benutze zum Abtrocken nur so viel Papier wie nötig.

Das benutze Trockentuch gehört natürlich in den Papierkorb.

DANKE!

Unsere Toilettenregeln

Das Hokus Pokus sauber Lokus

1. Setze dich richtig auf die Toilettenbrille.

2. Benutze immer Toilettenpapier – aber nur so viel wie nötig. Das benutzte Toilettenpapier wirfst du in die Toilette.Falls mal etwas daneben gehen sollte, mache die Toilette bitte sauber!

3. Vergiss nicht, abzuspülen.

Klebefläche

4. Falls nötig, benutze die Toilettenbürste. DANKE!

5. Hände waschen nicht vergessen – mit Seife!

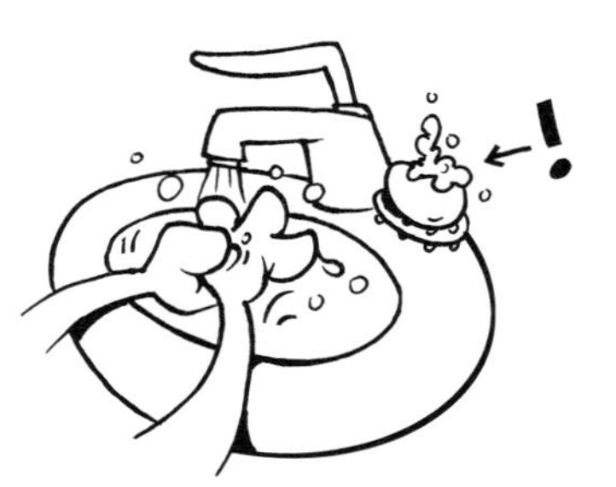

6. Benutze zum Abtrocken nur so viel Papier wie nötig. Das benutze Trockentuch gehört natürlich in den Papierkorb.

von
bis
von
bis

Streitschlichter

Im Schulalltag ereignen sich viele Konflikte unter den Kindern, die für Gleichaltrige durchaus verständlich und lösbar sind.

Definition „Streitschlichtung"

Streitschlichtung ist ein Verfahren, um Auseinandersetzungen auf einer sachlichen Ebene zu regeln.

Die Aufgabe von Streitschlichtern ist es hierbei, als unparteiische Dritte zwischen zwei Konfliktparteien unterstützend und vermittelnd zu wirken. Es geht nicht darum, herauszufinden, wer im Recht ist.

Streitschlichter **üben** *keine* (Schieds-)Richterrolle aus. Sie sollen Streitenden helfen, *gemeinsam* eine Lösung des Problems zu entwickeln, mit der *beide* Konfliktparteien zufrieden sind. Haben die Streitenden eine **Übereinkunft** gefunden, wird diese als Vertrag zwischen den Seiten festgehalten und von allen beteiligten Personen unterschrieben.

Streitschlichtung versteht sich als Angebot. Konfliktparteien können die Hilfe der Streitschlichter in Anspruch nehmen.

Die „Streitschlichter"-Eignungskriterien

Für die Aufgabe als Streitschlichter müssen die Kinder soziale Kompetenzen mitbringen.
Zu den Grundbedingungen gehören:

- sich gegenüber andern möglichst konfliktfrei zu verhalten
- Mitschülern offen begegnen
- sich verbal anderen gegenüber verständlich äußern können
- schriftlich Inhalte angemessen festhalten können
- ernsthaft und glaubwürdig im Umgang mit der Thematik sein

Die Streitschlichter kommen aus den Klassen 4 und werden unter Berücksichtigung der oben genannten Eignungskriterien ausgewählt. Der Anteil von Jungen und Mädchen sollte in etwa gleich sein. Jede Klasse stellt in der Regel zwei bis vier Streitschlichter.

Aus- und Fortbildung zum Streitschlichter

Die für die Tätigkeit als Streitschlichter nötigen Fähigkeiten **können die Kinder** in einer „Ausbildung zum Streitschlichter" im 2. Halbjahr der Klasse 3 im Rahmen des Offenen Ganztagsangebotes erwerben.

Auch nach der „Grundausbildung" erwerben und erproben die Streitschlichter in Form zusätzlicher Kursstunden weiterhin Handlungskompetenz und -wissen, um dies bei Streitschlichtungen anzuwenden.

Im 4. Schuljahr können sich die Streitschlichter alle zwei Wochen im Rahmen des Angebotsbereichs der Offenen Ganztagsschule treffen.
Inhaltlich können in der „Fortbildung" die bei Schlichtungen aufgetretenen Probleme besprochen und Lösungen gesucht werden.

Praktischer Einsatz der Streitschlichter und Dauer der Tätigkeit

Die Jungen und Mädchen, die an der Ausbildung zum Streitschlichter teilnehmen, verpflichten sich grundsätzlich, ihre Aufgabe langfristig durchzuführen. Dies bedeutet einen Einsatz im gesamten 4. Schuljahr.

Die Streitschlichter sind auf dem Schulhof beispielsweise durch das Tragen von farbigen Kappen mit dem Aufdruck „Streitschlichtung" oder von T-Shirts oder Buttons gut zu erkennen, siehe Kopiervorlage Seite 65. Außerdem können Fotos der Streitschlichter am Ausgang zum Schulhof aushängen.

Für die Durchführung von Schlichtungen sollte ein Raum in der unteren Geschossebene genutzt werden.

Jeder Streitschlichter hat in einer Hofpause pro Woche „Dienst", den ein fester Plan regelt. Hierbei üben zwei Kinder gemeinsam ihre Tätigkeit aus.

Die Durchführung von Streitschlichtungen findet in der ersten Hofpause statt. Hierbei ist es gestattet, diese auch einige Minuten über das Pausenende hinaus auszudehnen. Auf diese Weise wird erreicht, dass Konflikte, die während der Pause entstanden sind, nicht in den Unterricht getragen werden und dieser somit störungsfreier ablaufen kann. Ebenso haben die Kinder die Möglichkeit, mit den Streitschlichtern einen Termin auszumachen, um ein bestehendes Problem zu lösen.

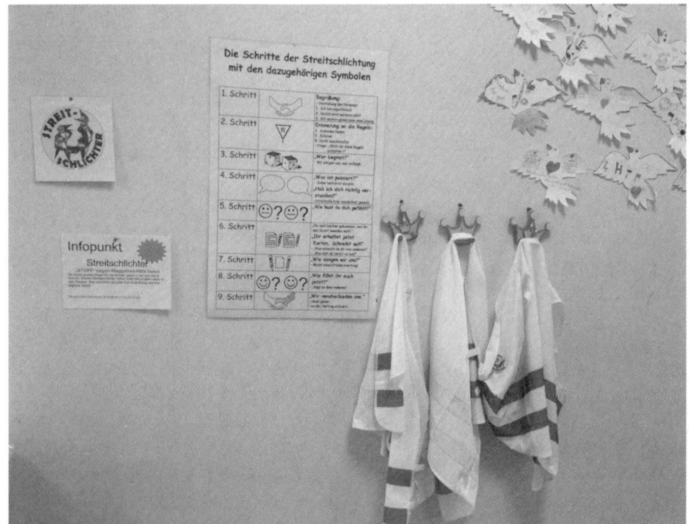

MEISTER
MEISTER
MEISTER
MEISTER
ERSTE-
HILFE-
SHERIFF
ERSTE-
HILFE-
SHERIFF
ERSTE-
HILFE-
SHERIFF
ERSTE-
HILFE-
SHERIFF
TOILETTEN-
POLIZEI
TOILETTEN-
POLIZEI
TOILETTEN-
POLIZEI
TOILETTEN-
POLIZEI
STREIT-
SCHLICHTER
STREIT-
SCHLICHTER
STREIT-
SCHLICHTER
STREIT-
SCHLICHTER

4. Inklusive Pausengestaltung im Schulgebäude

Warum muss es immer nur der Schulhof sein?
Auch das Schulgebäude lässt sich mit wenig Aufwand in die inklusive Pausengestaltung integrieren.
Im Folgenden werden einige Beispiele aufgezeigt, wie eine inklusive Schule sich auch das Schulgebäude zu Nutzen machen kann.

4.1 Spielideen für das Spielen im Gebäude

Die Pausenspiel-Ideenbox mit Anregungen und oder Geräten zum Spielen

Die Pausenspiel-Ideenboxen können entweder jeder Klasse zur Verfügung gestellt werden, oder sie können sich an einem zentralen Ort in der Schule befinden. In der Praxis hat es sich bewährt, jeder Klasse eine solche Box zur Verfügung zu stellen. Die Spielgeräte und Ideensammlungen können auf die jeweiligen Schuljahre bezogen sein, sodass die Kinder in jedem Schuljahr eine neue Ideenbox mit neuen Inhalten erhalten, auf die sie sich freuen können.

Folgende Spielgeräte können sich in einer Box befinden:
- Jonglierbälle
- Kleine Softbälle
- Luftballons
- Jo-Jos
- Lauf-Stelzen (Becherstelzen)
- Balancierteller
- Zeitungen
- Kartenspiele
- Bierdeckel
- Becher
- Chiffontücher
- Klett-Ball
- Großer Softwürfel
- Diabolo
- Murmeln
- Watte zum Wattepusten
- Tischtennisbälle und Schläger

Die folgenden Anregungen können als Spiele-Kartei ebenfalls Bestandteil der Box werden. Für eine bessere Haltbarkeit sollten die Karteikarten laminiert werden. Die Schüler können die Anleitungen mit den Spielgeräten ausleihen (siehe auch Leihausweise Seite 44).

Spiele mit Zeitungspapier

Zeitungstischtennis

Du brauchst: Zeitungspapier
Spieler: 2

So geht's:

Suche dir einen Spielpartner.
Sucht euch einen Tisch, an dem ihr niemanden stört.
Knüllt eine Zeitung zu einem Ball zusammen.
Stellt euch am Tisch gegenüber voneinander hin und spielt eine Partie Zeitungstischtennis gegeneinander.
Benutzt eure Handflächen als Tischtennisschläger.

Spiele mit Zeitungspapier

Schildkrötenlauf

Du brauchst: Zeitungspapier
Spieler: allein oder mit mehreren

So geht's:

Laufe im Vierfüßlergang wie eine Schildkröte.
Balanciere dabei ein Zeitungsblatt auf deinem Rücken.
Achte darauf, dass die Zeitung nicht auf den Boden fällt.
Ihr könnt auch ein Schildkrötenwettrennen veranstalten.

Spiele mit Zeitungspapier

Schneeballschlacht

Du brauchst: Zeitungspapier
Spieler: mindestens 2

So geht's:
Suche dir einen Spielpartner.
Sucht euch zusammen einen freien Platz, an dem ihr keinen anderen stört.
Knülle deine Zeitung zu einem Schneeball zusammen.
Werft euch den Schneeball gegenseitig hin und her.
Könnt ihr euch den Schneeball auch aus unterschiedlichen Positionen zuwerfen?

Spiele mit dem Tischtennisball

Wackelball

Du brauchst: 1 Bierdeckel und 1 Tischtennisball
Spieler: allein

So geht's:
Lege den Tischtennisball auf den Bierdeckel.
Versuche, vorsichtig durch den Raum zu gehen, ohne dass dabei der Tischtennisball auf den Boden fällt.

Für Profis:
Baue dir einen Parcours mit Hindernissen (z. B. aus Stühlen).
Schaffst du es, den Parcours zu durchlaufen, ohne dass der Ball herunterfällt?
Natürlich kannst du auch einen anderen Mitspieler herausfordern.
Wer gewinnt den Wettlauf?

Spiele mit Watte

Pusteball

Du brauchst: einen Wattebausch
Spieler: 2

So geht's:
Suche dir einen Spielpartner.
Stellt euch gegenüber voneinander an einem Tisch auf.
Versucht nun, euch gegenseitig den Wattebausch durch Pusten auf die jeweils andere Tischseite zu treiben.
Du bekommst einen Punkt, wenn die Watte bei deinem Mitspieler über den Tisch fegt.

Spiele mit Watte

Watte-Akrobat

Du brauchst: Watte
Spieler: alleine

So geht's:
Lege dir einen Wattebausch auf verschiedene Körperteile (Bauch, Kopf, Handrücken, Fuß, ...) und gehe langsam durch den Raum.
Achtung: Der Wattebausch darf nicht auf den Boden fallen.

Für Profis:
Schaffst du es dabei noch die Richtung zu ändern, vorwärts, seitwärts oder rückwärts zu laufen?

Spiele mit dem Softwürfel

Körperteile würfeln

Du brauchst: 1 Würfel
Spieler: 3–5

So geht's:
Spielt das Spiel mit mehreren Kindern, dann macht es mehr Spaß.
Einer von euch wirft den Würfel.
Die Anzahl der gewürfelten Augen gibt euch an, mit wie vielen Körperteilen ihr den Boden berühren müsst.
Beispiel: Bei einer 3 musst du mit drei Körperteilen (z. B. beide Arme und ein Bein) den Boden berühren.

Spiele mit Chiffontüchern

Bewegungskünstler

Du brauchst: 1 oder mehrere Chiffontücher
Spieler: 1–2

So geht's:
Mache Kunststücke mit dem Tuch.
Kannst du es hoch in die Luft werfen und wieder auffangen, ohne dass das Tuch den Boden berührt?
Könnt ihr euch zu zweit abwechselnd ein Tuch zuwerfen?
Kannst du das Tuch hoch in die Luft werfen, dich einmal drehen und das Tuch wieder fangen, bevor es den Boden berührt?

4.2 Pausenangebote in extra Räumen im Gebäude

Lesepause: Schulbücherei

Mit dem Einrichten einer Schulbibliothek in einer Grundschule wird primär das Ziel verfolgt, den Grundschülern einen Zugang zu kind- und altersgerechter Literatur zur Verfügung zu stellen, um sie in ihrer Entwicklung zu unterstützen. Der Schulbücherei kommt dabei sicherlich eine große Bedeutung zu.
In der Grundschule liegt der inhaltliche Schwerpunkt hauptsächlich auf Bilderbüchern, einfachen Sachbüchern, Hörspielen, erzählender Kinderliteratur und Kinderlexika. Comics oder Mangas dürfen aber auch nicht fehlen und sollten zum Grundbestand einer Grundschulbibliothek gehören.
Um Kinder für Bücher zu begeistern, sollte sich die Schulbibliothek an den Unterrichtsinhalten orientieren. So könnte man zum Beispiel das jeweilige Thema durch das Vorstellen ausgewählter Bücher gemeinsam mit den Kindern bearbeiten, um sie durch Vorlesen, Spielen, Rätseln, Basteln oder Singen an das Thema heranzuführen.
Darüber hinaus ist es äußerst wichtig, den Grundschulkindern die Systematik der Bibliothek zu erklären. Die Selbständigkeit der Schüler hinsichtlich der Bibliotheksbenutzung sollte immer an erster Stelle stehen. Auch die Recherchekompetenz, die als Grundlage für die weitere Schullaufbahn dient, sollte in einer Schulbibliothek vermittelt werden.
Alle Klassen sollten die Möglichkeit haben, sich mindestens einmal pro Monat während der Unterrichtszeit Bücher ausleihen können.
Es empfiehlt sich, auch Autoren zu einer Lesung in die schuleigene Bibliothek einzuladen. Auf diese Weise entsteht eine ganz persönliche Beziehung zu den Büchern, die sich positiv auf die weitere Entwicklung der Kinder auswirkt. So haben die Kinder die Möglichkeit, näheren Kontakt zu den Schreibern der Bücher herzustellen.
Die Räume der Schulbibliothek sollten so gestaltet sein, dass sich alle schnell zurechtfinden können. Insbesondere im Grundschulbereich hat sich der Einbau von Lesetreppen bewährt, auf denen viele Schüler gemütliche Sitzmöglichkeiten finden können, um gemeinsam in einem interessanten Buch zu blättern.

Es ist sinnvoll, wenn vorab eine kleine Gruppe für die ersten Planungsschritte verantwortlich ist. Insgesamt kostet das Einrichten einer Bibliothek sicherlich viel Zeit, Mühe und Arbeit. Letztendlich lohnt es sich jedoch immer.
Die Bücher für die Bücherei können über Buchspenden von Seiten der Elternschaft beschafft werden. Auch bei Schulprojekten wie Weihnachtsbasar, Sommerfest, Trödelmarkt, kann Geld erwirtschaftet werden. Von den Erlösen kann ein Teil der Bücher angeschafft werden.

Entspannte Pause: Der Stille-Raum

Die Entwicklung hin zu Ganztagsschulen fordert für die Kinder zusätzliche Rückzugsmöglichkeiten und Ruheinseln. Neben Bewegungsanlässen suchen die Kinder als Ausgleich zum Unterricht in ihren Pausen auch Entspannung. Der Schulhof als solcher bietet vielen Kindern die Möglichkeit, sich auszutoben. Jedoch gibt es auch immer wieder vermehrt Kinder, denen der Schulhof zu laut ist. Insbesondere gestresste Kinder, die durch ihre Zappeligkeit, ihre Konzentrationsprobleme und auch durch ihre Aggressivität auffallen, brauchen vermehrt Rückzugsmöglichkeiten, um einfach mal abzuschalten und sich von der Gruppe zu lösen und sich gegebenenfalls eine Auszeit zu gönnen.
Ein Stille-Raum, der mehrmals pro Woche für Kinder geöffnet ist, kann Abhilfe schaffen und ein Angebot für Ruhe und Rückzug bieten. Die Schulaula oder ein Musikraum können als Raum dazu genutzt werden. Hier kann man Kindern die Möglichkeit bieten, sich unter Aufsicht zurückzuziehen. Es können Isomatten zum Hinlegen und Entspannen ausgelegt oder eine Ecke mit Stiften und Mandalas zum Malen installiert werden. Des Weiteren bietet sich der Einsatz von Entspannungsmusik oder Hörspielen an. Auch könnten Isomatten und Igelbälle zur gegenseitigen Entspannungsmassage angeboten werden.

Fit in der Pause: Fitness-Studio

Gerade an Regentagen muss oft der angestaute Bewegungsdrang in den Hintergrund treten, das Wetter es nicht zulässt, den Schulhof zum Toben zu nutzen. Mit nur einigen kleinen organisatorischen Kniffen lässt sich auch das Schulgebäude für kleinere sportliche Aktivitäten nutzen, ohne dass ein völliges Chaos entsteht.

So können einige Klassenräume oder Nebenräume, Musikräume, die Aula oder auch Förderräume zum Fitnessstudio in der Pause umgewandelt werden. Dabei bedarf es keiner großen Geräteauswahl. Beim Bewegungslernen und kleineren Bewegungsangeboten reicht oft auch der eigene Körper aus, z. B. auf einem Bein stehen, rückwärtslaufen, balancieren etc. Dennoch ist manchmal das Bewegungsangebot schnell ausgeschöpft.

Mit kleinen Turnmatten bzw. Isomatten oder Teppichfliesen oder auch mit Springseilen oder Tennisbällen, die in jeder Klasse Platz finden, sind bereits Aufgaben aus dem Turnen oder der Gymnastik durchführbar.
Auch können präventive Bewegungsübungen angeboten werden, wie beispielsweise Rücken- und Dehnungsübungen.
Die Kinder können sich entweder frei mit den angebotenen Materialien im Rahmen der für den Raum und die Schule festgelegten Regeln bewegen. Da es aber auch immer wieder Kinder gibt, denen es schwer fällt, Bewegungsaufgaben zu finden, lässt sich leicht ein Anfang machen, wenn auf Plakaten einige Bewegungsvorschläge zu finden sind, wie z. B. auf der Kopiervorlage „Unser Fitness-Studio empfiehlt heute", die auf DIN-A3 vergrößert als Poster ausgehängt werden kann.

Unser Fitness-Studio empfiehlt:

Fahr mal eine Runde Rad!
Setze dich auf einen Stuhl. Hebe die Beine an und fahre Fahrrad. Halte dich, wenn nötig, an deinem Sitz fest. Wie lange schaffst du es ohne Pause? Ihr könnt auch ein Radrennen veranstalten. Wer hält am längsten durch?

Jogge am Platz!
Du brauchst eine Uhr. Schaue auf die Uhr. Jogge eine Minute auf der Stelle. Atme anschließend tief durch. Super!

„Rüssel" dich wach!
Greife mit einer Hand an deine Nase und lege den anderen Arm wie einen Elefantenrüssel hindurch. Schaffst du es, die Arme mehrmals hintereinander zu wechseln? Mit einem Spielpartner macht es noch mehr Spaß!

In die Knie, fertig, los!
Versuche 10 Kniebeugen hintereinander zu machen. Schaffst du heute auch mehr?

Entspann dich!
Neige deinen Kopf zur Seite und rolle ihn langsam zur anderen Seite hinüber. Wiederhole es ein paar Mal.

Müde?
Gähne nach Herzenslust einige Male. Strecke dabei deine Arme und den Rest deines Körpers.

5. Inklusive Pausengestaltung in der Turnhalle

Eine Pause zum „Ringen und Kämpfen"

Tobende und raufende Kinder sieht man fast in jeder Pause auf dem Schulhof. Kinder, insbesondere Jungen, haben das natürliche Bedürfnis, sich kräftemäßig zu messen. So hat das elementare Grundbedürfnis durch das sportliche „Ringen und Kämpfen" als Zweikampfsport auch in den Richtlinien und Lehrplänen Einzug erhalten und stellt einen festen Bestandteil des Schulsports dar. Die Pause zum reglementierten Ringen und Kämpfen bietet Kindern mit Förder- und Bewegungsbedarf eine Form des kontrollierten „sich Austobens".

Ein- bis zweimal pro Woche könnte man in der großen Pause in der Turnhalle ein spezielles Bewegungsangebot zum „Ringen und Kämpfen", besonders für Kinder mit besonderem Förder- und Bewegungsbedarf anbieten.
Es könnten jahrgangsgemischt zwei Gruppen angeboten werden. Dabei empfiehlt sich aufgrund der unterschiedlichen körperlichen Voraussetzungen der Kinder eine Mischung der Klassen 1 + 2 und 3 + 4.
Bei Kämpfen in den angeleiteten Bewegungspausen können die Kinder folgende Kompetenzen erwerben:

- Das Verarbeiten von Sieg und Niederlage
- Das Umgehen mit der persönlichen und fremden Aggression
- Das Erfahren körperlicher Kraft
- Das Erlernen von Selbstdisziplin
- Die eigene Wahrnehmungsfähigkeit im Umgang mit anderen verbessern

Wichtig ist, dass das Kämpfen immer fair und nach gemeinsam erarbeiteten Regeln stattfindet. Das Bewegungsangebot sollte von mindestens 1–2 Fachlehrern und bei Bedarf von einem Sonderpädagogen angeboten bzw. begleitet werden, weitere Ausführungen findet man in entsprechender Fachliteratur, siehe auch Literaturtipps Seite 80.
In diesem Bewegungsangebot können besonders Kinder mit speziellem Förder- und Bewegungsbedarf eine Chance bekommen, sich selbst in ihrer Wahrnehmung zu stärken.
Die Kinder lernen mit eigener und fremder Aggression umzugehen, erfahren ihre und andere körperliche Kräfte und entwickeln mehr Selbstdisziplin im Umgang mit anderen.

Ziele und pädagogische Möglichkeiten beim Ringen und Kämpfen sind:

- Regeln einhalten und akzeptieren
- Verantwortliches Handeln und Fairness gegenüber anderen erlernen
- Selbstdisziplin erfahren
- Die eigenen Aggressionen lernen zu kontrollieren
- Kooperieren
- Steigerung des Selbstvertrauens
- Die eigene Frustrationstoleranz steigern
- Die Wahrnehmungsfähigkeit verbessern
- Etwas wagen und verantworten

Bewegungslandschaften

Eine weitere Möglichkeit, wie Pausen gestaltet und Kooperationspunkte zwischen dem regulären Schulunterricht und der Nachmittagsbetreuung gefunden werden können, ist die Organisation einer Bewegungslandschaft in der Turnhalle.
Eine gemeinsam gestaltete, über den ganzen Tag nutzbare Bewegungslandschaft, bietet einen guten Ansatzpunkt zur Verknüpfung des Sportunterrichts und des offenen Angebotes der Ganztagsschule. Des Weiteren bietet sich so die Möglichkeit, Pausen einmal anders zu gestalten.

Eine solche Aktion könnte z. B. zwei oder einmal im Monat stattfinden. Unter einer Bewegungslandschaft versteht man feststehende Gerätelandschaften, die aufgrund ihrer Zusammenstellung vielfältige Bewegungserfahrungen für Kinder ermöglichen. Übliche Sportgeräte stellen durch andersartige Kombinationen für die Kinder neue Bewegungsaufgaben dar.
Gerade in der heutigen Lebenswelt, die die Kinder vieler Bewegungsmöglichkeiten und -erfahrungen beraubt, ist das Angebot von Gerätekombinationen, die zum Klettern, Hangeln, Schaukeln, Schwingen, Kriechen, Balancieren usw. auffordern, besonders wertvoll.

Das Anbieten von Gerätearrangements mit unterschiedlichen Schwierigkeitsgraden ermöglicht die Entwicklung von individuellen Bewältigungsstrategien (z. B. schmale und breite Balancierflächen, hohe und tiefe Kästen).
Vor allem in der 1. und 2. Klasse lassen sich aufgrund der kurzen Zeit innerhalb einer Sportstunde viele Geräte nicht auf- und abbauen. Dadurch kommen oft die jüngeren Schüler nicht in den Genuss, sich an den Ringen, am Barren oder anderen Geräten zu bewegen.

An manchen Stationen einer Bewegungslandschaft müssen die Kinder Mut beweisen, an anderen Ausdauer und Kraft. Für jeden ist etwas dabei.
Bewegungslandschaften sind so angelegt, dass lange Wartezeiten vermieden werden und sich so viele Kinder wie möglich gleichzeitig bewegen können.
Häufig werden dabei auch Großgeräte genutzt. Großgeräte sind alle Geräte, die in einer Sporthalle installiert sind oder aufgebaut werden können, wie z. B. Reck, Ringe, Barren, Weichbodenmatten, Kästen, Sprossenwand, Langbank usw.

Die kontinuierlichen und effektiven Bewegungszeiten in den Bewegungslandschaften bieten Kindern einen hohen Aufforderungscharakter, viel Spaß und viele verschiedene Aktionsfelder.

Die „Offene Turnhalle"

Im Rahmen einer bewegten Pause lassen sich vorhandene Bewegungsräume auch für die Pause nutzen. Das kann z. B. so organisiert sein, dass in jeder großen Pause einen andere Klasse die Sporthalle benutzen darf, auf freiwilliger Basis versteht sich. Nötig ist dann lediglich eine Aufsicht, die für die Kinder einige Spielmaterialien bereithält. Zu beachten ist außerdem, dass die Turnhalle nicht mit Straßenschuhen betreten werden darf.
Die Halle wird dabei so genutzt, wie sie ist. Das bedeutet, es werden keine Geräte aufgebaut.
Aus Sicherheitsgründen sollte vorher in einer Lehrerkonferenz festgelegt werden, welche Geräte im Rahmen der „Offenen Turnhalle" benutzt werden dürfen.
Erfahrungsgemäß entstehen bei diesem Angebot selten Konflikte und die Kinder nutzen die zusätzliche Bewegungszeit gerne.
Danach kann wieder frisch in den Unterricht gestartet werden.

6. Auf dem Weg zur Pausengestaltung an einer inklusiven Grundschule

Jede Schule ist anders strukturiert und organisiert. Nicht alle der hier vorgestellten Ideen lassen sich überall umsetzen. Das ist auch sicherlich nicht der Anspruch dieses Buches. Es versteht sich vielmehr als Ideensammlung und gibt der ein oder anderen Schule bzw. dem Kollegium vielleicht einen Anstoß, den ein oder anderen Baustein für eine veränderte Pausengestaltung unter der Berücksichtigung inklusiver Elemente in den Schulalltag zu integrieren.

Einige, der hier vorgestellten Ideen lassen sich sicherlich schneller und einfacher umsetzen als andere. Diese bedürfen einer großen Umstrukturierung des Schulalltages und sind erst auf längere Sicht umsetzbar.

Schnell umzusetzende Bausteine

- Bewegungspausen im Unterricht
- Erweiterung des Pausenangebots auf dem Schulhof
- Die Turnhalle als Pausenraum
- Das Schulgebäude bei Regenpausen nutzen
- Gemeinsame Pausenprojekte (Spielehäuschen für die Hofpause, Pausenturniere, wie z. B. Fußball oder Völkerballturnier unter einzelnen Klassenstufen).

Größere, auf längere Sicht umsetzbare Bausteine

- Umstrukturierung des Schulvormittags (Rhythmisierung des Schulalltags)
- Umgestaltung des Schulhofs

Wichtig ist immer, dass man gemeinsam als Schule Ziele formuliert und festlegt, mit denen sich alle identifizieren können.
Um schnelle Erfolge zu erzielen, die zur Weiterarbeit motivieren, empfiehlt es sich, sich als Schule auf den Weg zu machen. Deshalb sollte man sich zu Beginn erst einmal kleine, schnell umsetzbare Ziele stecken, die sich ohne großen Aufwand in kurzer Zeit realisieren und in der Praxis umsetzen lassen.
Das oberste Gebot ist, dass alle mitziehen, keiner darf sich überfahren oder überfordert fühlen. Nur wenn alle die Ideen unterstützen und gemeinsam in die Tat umsetzen, kann ein Projekt gelingen.

Im Folgenden wird ein Beispiel für die Umsetzung eines kleinen Bausteins zur aktiven Pausengestaltung anhand eines Projekts „In unserer Pause bewegt sich was“ vorgestellt.

Schulprojekt „In unserer Schule bewegt sich was"

Ein Beispiel für eine mögliche Umsetzung eines Projekts zur aktiven Pausengestaltung.

Zielsetzung der Schule:
Aktive Regeneration in der Hofpause und Einführung von kleineren Bewegungspausen im Unterricht

Beginn:
Am Anfang sollte eine kollegiumsinterne Fortbildung stehen, in der über die Ziele und Möglichkeiten der aktiven Pausengestaltung und über die Bedeutung der Bewegung in einer inklusiven Grundschule abgestimmt wird.
Hierzu können eventuell Referenten eingeladen werden, welche die Schule als Experten bei so einem Vorhaben unterstützen (z. B. Vertreter von Krankenkassen oder der Initiative „Klasse 2000").
Es kann aber auch eine kollegiumsinterne Arbeitsgruppe zum Thema gebildet werden, die den Rest des Kollegiums fortbildet.

Arbeitsphase:
Im Anschluss daran können im Kollegium und oder mit den Kindern gemeinsam Spielideen und Anregungen für tägliche Bewegungseinheiten gesammelt werden.
Dazu ergänzend können sich einzelne Klassen zusammen mit ihrem Klassenlehrer individuell mit dem Thema „Bewegung und Gesundheit" auseinandersetzen.
Im Lehrerzimmer können unterstützend Materialien zum aktuellen Thema ausliegen, die vorher im Kollegium gesammelt worden sind (Austauschbörse, Ordner mit Spielvorschlägen für die tägliche Bewegungszeit, Entspannungsspiele, Musik, Pausenspielzeug etc.).

Realisierung:
Es könnte dann von allen gemeinsam ein Repertoire an Spielen für alle Klassenstufen festgelegt werden, mit dem zukünftig täglich gearbeitet wird.

Leitfaden für die Umsetzung eines Projekts (allgemein)

Als Leitfaden bzw. Rahmen für die Umsetzung eines schuleigenen Projekts können die folgenden Schritte und Fragen dienen:

1. Ausgangslage analysieren
- Was ist schon passiert?
- Was gibt es bereits an unserer Schule?
- Welche Ressourcen sind vorhanden?
- ...

2. Gegenstand des Projekts genau definieren
- z. B. die Weiterentwicklung der Spiel-, Bewegungs- und Beschäftigungsmöglichkeiten während der großen Hofpause
- ...

3. Ziele des Projekts festlegen
- Was wollen wir als Schule mit unserem Projekt für uns erreichen?
  z. B. Förderung des sozialen Lernens
- ...

4. Verschiedene Instrumente zur Umsetzung nutzen
- Bei der praktischen Durchführung kommen alle Beteiligten infrage, die mit der Schule zu tun haben.
- Finanzierungsmöglichkeiten müssen geklärt werden (Spenden über Projekte, Spenden durch Schulträger etc.).
- Zusammenarbeit mit dem Kollegium, der Elternschaft, dem Förderverein der Schule
- Zeitachse festlegen
- ...

5. Schritte zur Umsetzung eines Teilprojekts festlegen & Aufgaben verteilen

6. Projekt realisieren

7. Umsetzung evaluieren

Raster zur Umsetzung eines Bausteins für eine aktive Pausengestaltung

(Beispiel Spielehäuschen)

Ein Raster könnte wie folgt aussehen:

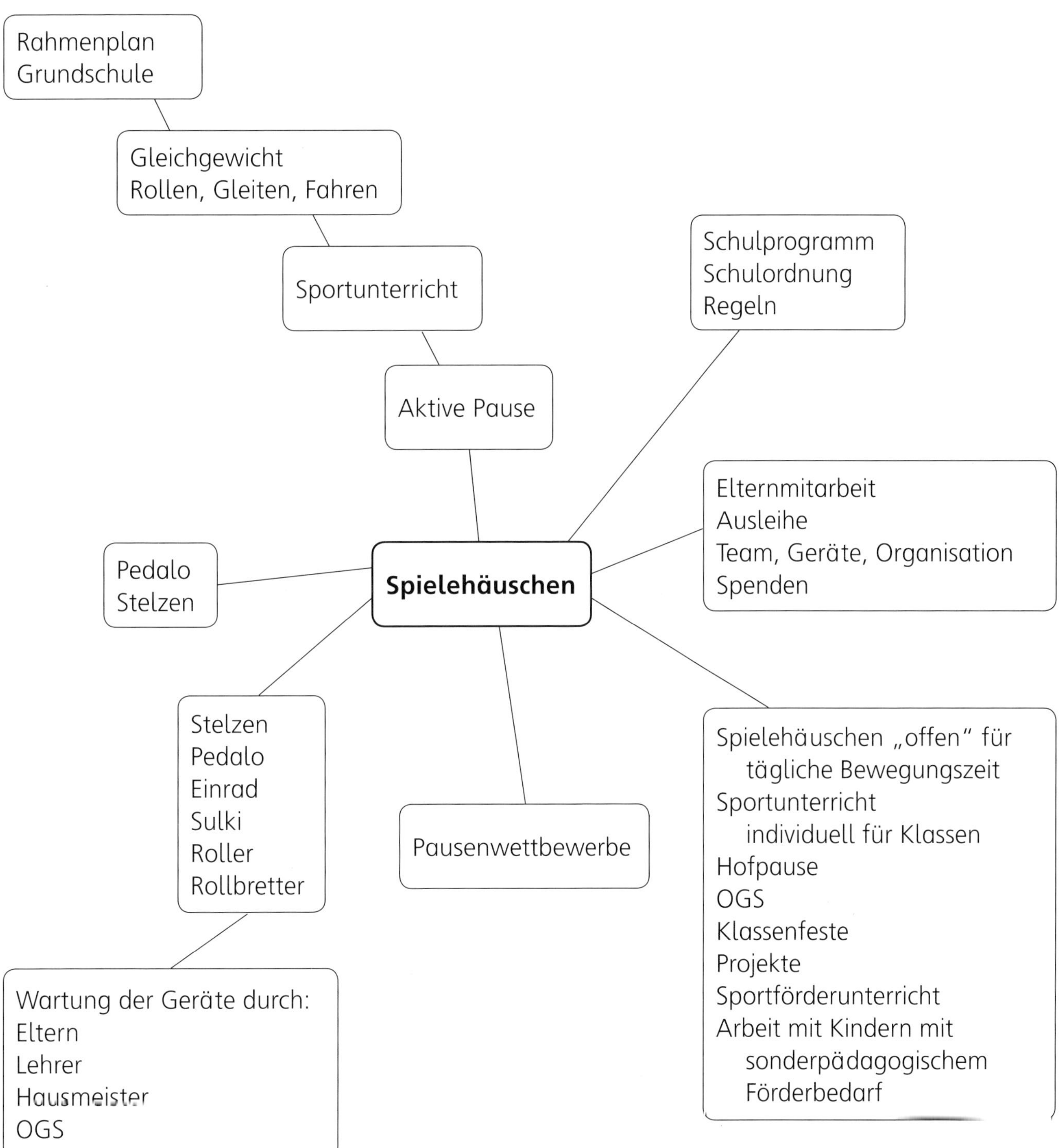

Literatur- und Quellenangaben

Buschmann, Britta: Lernen in Bewegung – 1. und 2. Klasse, Persen Verlag 2009

Dennison, Paul: Brain-Gym für Kinder, VAK Verlags GmbH, 2013

Klupsch-Sahlmann, Rüdiger: Mehr Bewegung in die Grundschule. Grundlagen – Bewegungschancen im Schulleben – Beispiele für alle Fächer. 1. Auflage Berlin: Cornelsen Scriptor 1999

Zimmer, Renate: Handbuch Bewegungserziehung: Grundlagen für Ausbildung und pädagogische Praxis, Herder Verlag, 2014

Literaturtipps

Chissick, Michael & Proßowsky, Bewegungsgeschichten für Kinder – Körperwahrnehmung fördern – Selbstbewusstsein stärken, Auer Verlag 2015

Fuchs, Birgit: Gummitwist und Co., moses verlag 2004

Lenniger, Isolde: Entspannung und Konzentration, Cornelsen Scriptor 1999

Müller Christina, Bewegte Grundschule. Aspekte einer Didaktik der Bewegungserziehung als umfassende Aufgabe in der Grundschule, Academia Verlag, 2010

Petillon, 130 Bewegungsspiele für die Grundschule

Praxis Grundschule, Heft 1, Januar 2008, Unsere Schule bewegt sich, Westermann Verlag

Rieder, Ines: Pause mit Pfiff – Spiel als Möglichkeit zur sinnvollen und entwicklungsmäßigen Pausengestaltung in der Grundschule, GRIN Verlag 2005

Internet

Die Internetseite von Rüdiger Klupsch-Sahlmann bietet einen Überblick über das Thema der Bewegten Schule. http://www.mehr-bewegung-in-die-schule.de/

Der gemeinnützige Verein Klasse 2000 e.V. informiert über Gesundheitsförderung und Prävention. Unterrichtsprogramm zur Unterrichtsprogramm zur Gesundheitsförderung, Sucht- und Gewaltvorbeugung in der Grundschule. http://www.klasse2000.de/

Dietrich Grönemeyer Stiftung unterstützt die Bewegte Schulpause, eine Bewegungsinitiative für Grundschule in Deutschland. http://www.bewegte-schulpause.de/

Das Aktionsbündnis Kids Vital aus dem Kreis Herford stellt verschiedene Initiativen mit ihren Gesundheitsprogrammen vor. http://www.kidsvital.de

Die mit dem Grimme-Preis ausgezeichnete Kinder-Website bietet viele Ideen für den Schulalltag. Auf der Zzzebra-Seite, einem Webmagazin für Kinder, findet man unter der Rubrik „Fitness und Training" zahlreiche Beispiele für Entspannungsspiele, Spiele mit dem Seil, Gummitwist und Spielen für draußen. http://www.labbe.de

Die Website der Gummitwist Community Schweiz gibt einen Überblick über Sprungtechniken, Varianten und Sprungversen. http://www.gummitwist.ch

Die vom Deutschen Roten Kreuz herausgegebene Broschüre bietet Praxishinweise zum Thema Erste Hilfe in der Grundschule.
http://jugendrotkreuz.de/fileadmin/user_upload/03-Schularbeit/Broschuere_Erste_Hilfe_Bildungsplan.pdf

Rhythmisierte Ganztagsklassen

Hier finden sich einige Bespiele für eine gelungene Umsetzung der rhythmisierten Ganztagsklassen.

http://www.hagenschule-dinslaken.de/index2.html

www.grundschule-eiserfeld.de

www.ggs-alten-kamp.bobi.net

http://www.ganztaegig-lernen.de/